三里塚燃ゆ

北総台地の農民魂

編——伊藤睦
語り——島寛征＋石毛博道
史論——加藤泰輔

平原社

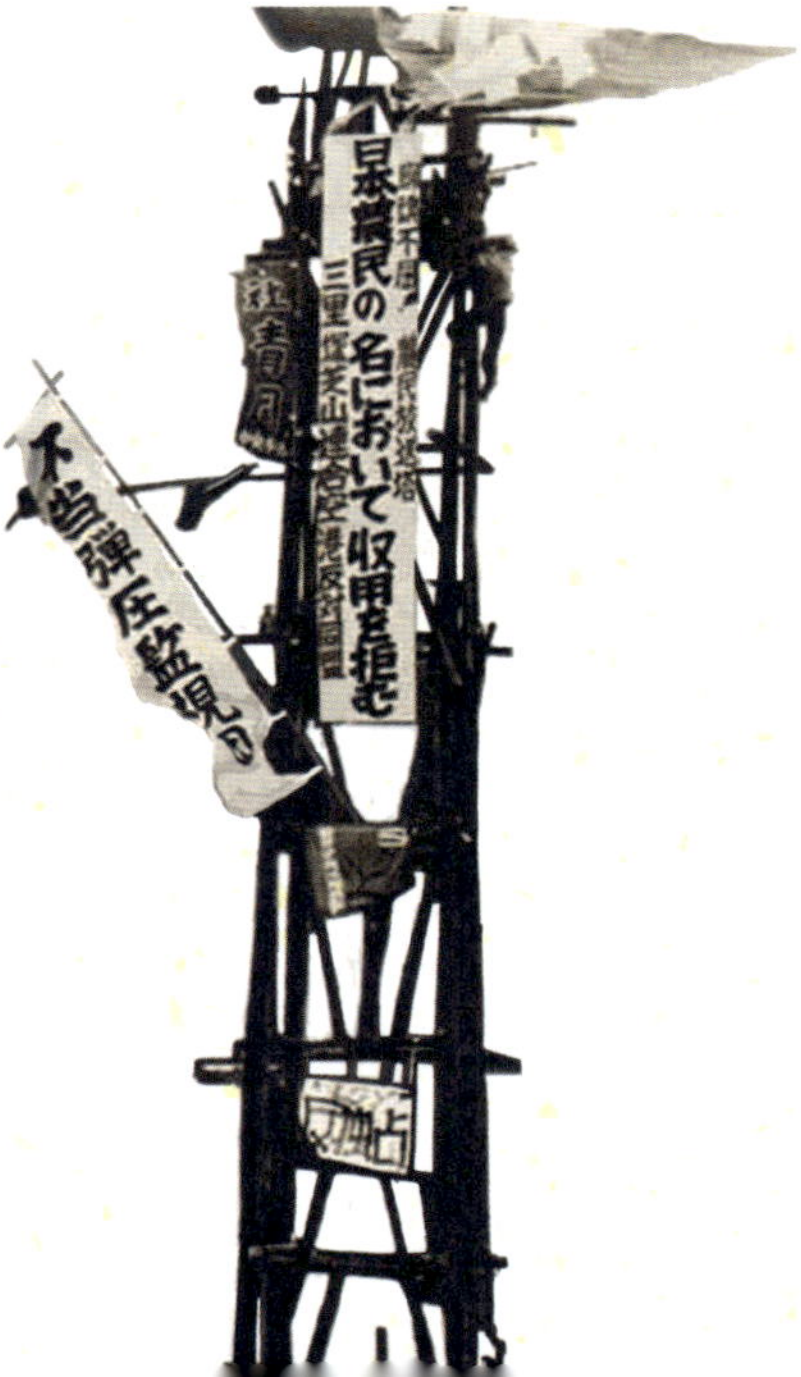

はじめに

一九六〇年代になって、年々増加する航空機需要に対処するため、日本政府は羽田空港に代わる大規模な新国際空港建設を迫られていた。最初、成田市の隣り富里村（当時）に建設しようと計画した。しかし、富里村は専業農家が多く、農民たちの頑強な抵抗に遭って断念せざるをえなかった。その教訓を生かしたのであろう。成田市三里塚には宮内庁の御料牧場や千葉県の県有林があり、それに隣接する戦後開拓村を巧妙に囲い込んで、周辺の古村にはほとんど手を付けずに一気に空港建設をしようと企てた。そのため、空港予定地域に対する事前の説明・根回しなどは一切行なわず、閣議決定によって強行するという挙に出た。いまから五〇年前、一九六六年七月四日のことである。

これを知った三里塚の開拓民や芝山町の農民たちは空港建設反対同盟を結成し、不慣れな陳情や請願を繰り返した。だが、国や県は農民たちの気持ちを一顧だにすることはなかった。そればかりか、空港公団は機動隊の流血の暴力をもって農民たちの抗議行動（坐り込み）を排除し、空港予定地の外郭測量を強行した。このとき、支援政党の党利党略に絶望した農民たちは、これまでの非暴力・無抵抗路線を捨て、泡立つような焦燥感のなかで新左翼諸党派の実力闘争に招待状を送った。これがまた機動隊の横暴に口実を与えることとなり、「戦後最大の農民一揆」といわれる凄絶な闘いとして燃えあがってゆくこととなったのである。

しかし、この長く苦しい闘いのなかで、青年農民たちは、やがて政党にも頼らず、支援学生の実力闘争にも頼らない、本来の農民闘争・地域闘争に目覚め、国と対等の立場で話し合い、衆目注視（公開シンポジウム）の中で闘争に終止符を打ったのである。

太平洋戦争終結の拙劣さ、無残さを体験した私にとって、成田闘争の終結の仕方、その経緯は見事としかいいようのない、創造的な大事業だったと思う。しかも、この難事業を遂行した二人の元青年行動隊員が、ある時期、私の人生と交錯していたのである。島寛征氏は、私が一九五六（昭和三一）年に新任教師として赴任した成田市立遠山中学校の二年生で、テニス部員だった。私はテニス部の顧問として、温和で秀才だった彼を記憶している。石毛博道氏は、成田が生んだ女流俳人「三橋鷹女の像を作る会」の発起人で、私はその会の事務局長だった。その関係で、一九九四年頃から親交があり、その人柄に好感を抱いていた。

お二人が成田闘争に関わっていたことはある程度知っていたし、成田市役所付近での機動隊との激突を目のあたりにした記憶、石毛氏の『ドラム缶が鳴りやんで』を読んだりして、成田闘争の経過についてはある程度わかったつもりでいた。ところが、二〇一二（平成二四）年のある日、成田市内の書店で宇沢弘文著『「成田」とは何か』（岩波新書、一九九二年）を入手し、闘争収束の経緯と、それに関わった人びとの活躍を知った。とくに島・石毛両氏は、宇沢弘文によって激賞されていた。宇沢は成田空港闘争終結の端緒となった隅谷調査団のメンバーの一人であり、シンポジウムを通じて成田闘争の本質を知る人の称讃する言葉は、私の評価とまったく一致しており、琴線に響いた。嬉しさのあまり、その夜のうちに島氏と石毛氏に電話を入れ、「ぜひお会いしたい」と強引に二人を引っぱり出し、芝山の「成田空港　空と大地の歴史館」で会合をもった。それが本書刊行のはじまりであった。

成田闘争の終結については、石毛博道氏が『ドラム缶が鳴りやんで』の中で詳しく述べているが、その決意がよく伝わる一節を、最初に引用しておきたい。

「物事には終わりがある。意識してきちんと終わりにしようとするのと、立ち枯れていつの間にかなくなったという形で終わるのとでは、大きな違いがある。俺は、自分たちの世代が起こしたことを自分たちの世代で決着をつけようという強烈な意志を持って立ち向かわなければ、成田問題は終わりにならないと考えた。だらだら続ければ自分たちがやってきたことの意味までもが理解されなくなり、みんなの記憶の奥底からも消えてしまう。三里塚闘争をそんなふうにしたくない」

こうして、彼らは公開シンポジウムの場で国の謝罪と、今後は一切の強制力は使用しないという確約を取り付け、この大闘争に終止符を打ったのである。第一回シンポジウムの冒頭、石毛氏が読み上げた「徳政をもって一新を発せ」は、参加者全員の胸を打つ感動の宣言であり、歴史に残る名演説だった。

しかし、同盟の中には徹底抗戦を主張しつづける人たちが、まだ残っていることは確かである。そして、純粋に良心的動機や正義感からこの闘争を支援してくださった全国の多数の人たちがいることも忘れてはならない。日雇い労務者をしながら野戦病院を営んでくださった郡山吉江さんの遺志に報いるためにも、また闘争の中で犠牲になられた方々のためにも、成田空港と地域との共生・共栄を心から願ってやまない。

また、この聞き取りにも参加され、空港反対闘争をテーマに一橋大学大学院修士論文を書き上げた加藤泰輔氏の「三里塚闘争史論」を第二部として収録した。加藤は一九八九年生まれで、空港反対闘争をまったく知らない世代であるが、歴史学研究の一テーマとしてこの闘争を取り上げた。三里塚闘争の全過程が詳述されており、この論文を併読することで、読者の理解が深まることを期待したい。

二〇一六年一二月

伊藤　睦

三里塚燃ゆ——目次

第二部　三里塚闘争史論

支援勢力と運動主体としての「住民」像　149

第一部

北総台地の農民魂

聞く人——伊藤　睦＋加藤泰輔
語る人——島　寛征＋石毛博道

［聞き取り記録］

第一回目　二〇一二（平成二四）年六月二七日
第二回目　二〇一二（平成二四）年七月三一日
第三回目　二〇一二（平成二四）年八月三〇日
第四回目　二〇一二（平成二四）年一〇月一〇日
第五回目　二〇一二（平成二四）年一〇月二七日
第六回目　二〇一二（平成二四）年一一月八日
第七回目　二〇一三（平成二五）年二月一一日
追加（二〇一六年一二月一日・二〇一七年一月二〇日・二月八日・四月一九日）

テープリライター＝大里　富枝
フォトグラファー＝波多野ゆき枝

I　起ち上がる

『「成田」とは何か』を読んで

伊藤　きょう、お二人を呼びしたのは、他でもない。ふと立ち寄った成田の本屋さんに宇沢弘文著『「成田」とは何か』（岩波新書、一九九二年）が置いてあって、偶然手にしたら嬉しいことが書いてあった。それで、すぐにお電話したのです。

まず、「はしがき」に「島寛征、柳川秀夫、石毛博道、大塚敦郎の四人の方々は、私自身が『成田』に関わることになった契機をつくって下さっただけでなく、長い時間をかけて、私の『成田』理解を深めるために協力していただいた。また佐山忠さんには、『成田』の思想的、哲学的背景について多くの教示をいただいた。これらの方々に心から感謝の気持ちを表明したい」と書いてある。

さらに、「あとがき」に「この書物を、三ノ宮文男さん、小泉よねさん、東山薫さんを始めとして、二十五年間にわたる成田闘争の過程で、犠牲となられた方々に捧げて、その冥福をお祈りするとともに、これらの方々の犠牲を無にしないような形で『成田』問題を解決するために今後とも微力をつくすことを誓いたい」と記している。

これを読んで、私は日本の良心的な学者の心情を正直に吐露したものだと思ったのです。そして、島寛征は諸葛孔明に、石毛博道は若き日の周恩来に、柳川秀夫は朱徳、石井新二は屈原、佐山忠は毛沢東にと、実に的確な比喩を用いて紹介していますね。屈原は諫言が入れられず汨羅の淵に身を投じた宗時代の詩人ですが、いまの若い人が読むと違和感もあるでしょうが、私など中国労農紅軍の輝かしい黎明期を勉強した者には、とても共感できる対比だと思った。

私は一九五六（昭和三一）年、大学を出てすぐ遠山中学校に赴任した。そのとき二年生に島さんがいた。一年生の担任で三年間持ち上がりだから、受け持ち生徒には小川嘉吉さんの長男小川耕平、他の組に越川富治（元成田市議）と実川幸夫（元衆議院議員）がいて、三年間教えた。三年生には岩澤貞男（元成田市議）と、「成田食糧」をやっている神崎榮一がいた。あの神崎君も青年団活動を通じて空港反対をやっていたのですね。

島　最初は、ほとんどの人が反対同盟にいたんですよ。

伊藤　島さんはテニス部員だったのでよく知っているが、とても温和な秀才だった。それが、あるとき新聞に空港反対同盟事務局次長とあって、びっくりしたことがある。あの島君が反対運動の先頭に立って闘っているのかと驚いたのです。石毛さんは何となく闘士を彷彿とさせますが、島さんは想像することすらできなかったよ。

石毛　オレも温和しい少年でしたよ。引っ込み思案で、人見知りが激しくって（笑）。

成田市立遠山中学校の体育館で開催された
「三里塚新国際空港反対総決起大会」（1966年６月28日）

反対闘争の立ち上げ

伊藤　あらためて初期のころの闘争と、人間模様についてお聞きしたい。遠山中学の体育館は元学習院の講堂でしたが、ここで最初の反対同盟総決起大会が開かれています。空港設置の三里塚案が友納千葉県知事に打診されたのは一九六六年六月二二日ですが、年表によると、早くも六月二八日に遠山中学で第一回の「三里塚新国際空港反対総決起大会」が開かれ、八月二二日には「三里塚芝山連合空港反対同盟」（戸村一作委員長）が結成されています。三里塚、芝山でそれぞれ、すでに母体があったのですか。

島　富里・八街で、県庁乱入事件などの派手な空港反対闘争が展開されていましたからね。その流れというか、勢いに連動して立ち上がりはかなり早かったですね。それに、知り合いに共産党員や社会党員がいたり、成田市職労などの労働運動の関係で、動員されて富里の支援に行った者も多かったので、今度はオレたちの番だという雰囲気が早くに醸成されていました。でもそれは、反対同盟といったコアなレベルではなく、各地域で盛り上がっていたのです。

石毛　オレも高校二年生のとき、民青（民主青年同盟）の仲間に誘われて、一度、富里に行ったことがあるなあ。富里の影響というより、芝山町など、富里に隣接している地域はすぐに盛り上がって、反対同盟の組織自体もたちまちできたと思いますよ。

島　それに、富里の経験を活かせばすぐに空港が追い払えると、社会党や共産党系のオルグたちがすぐさま乗り込んで来ましたからね。

闘争のシンボル・戸村一作委員長

伊藤　まず、三里塚芝山連合反対同盟委員長の戸村一作さんについてお聞きしたい。純真なクリスチャンで、みんなに担がれて委員長になったという気もしないではないのですが……。

島　担がれてというか、木の根の小川明治さんがかなり熱心に頼み込みに通ったようです。オレはそのころはまだ東京の大学に行っていて、地元にいなかったので詳しくは知らないのですが、戸村さんは「戸村農機」といって、鍬や鋤、鎌などの小農機具の販売店をやっていましたからね、開拓農家の人たちとのつながりは強かったのです。

小さいころ、沖縄開拓として天浪からいまの本三里塚に移った当時、小学校に入る前ですが、戸村さんのところの教会で、近所の子どもたちを集めて日曜学校をやっていて、戸村さんが牧師さんみたいにお説教をしていましたね。それには、どういうわけか、うちの親が行けというので、日曜日ごとに戸村さんのところに行っては絵を教わったり、歌を歌ったりしていましたよ。オレが絵を好きになったのは戸村さんの影響です。また、年に一度、教会で近隣の学校の先生や子どもたちの描いた作品を集め、美術展みたいなものが開かれていて、自分の制作した鉄のオブジェなども展示していました。つまり、教会がこの地域の文化運動のひとつの拠点となっていたのです。

天神峰団結小屋前で抗議する戸村一作委員長
（1968年 6 月29日）

伊藤　反対運動にかかわるきっかけは、小川明治さんが頼みにいったからだけですか。

島　いや、戸村さんは富里の空港反対運動にもかなり深くかかわっていましたからね。小川明治さんを含めて何人かがお願いにいったでしょうが、戸村さんは革新政党の受けもよく、自然の流れで委員長は戸村さん以外にはないということになったのではないかと思います。ただ、委員長として最初に壇上に立ったときは、「なんだヤツか」と言う人もいたといいます。

闘争初期のころ、戸村さんから「お前も一緒に宣伝カーに乗れ」と言われて、農家の人たちのところへ連れていってもらったことがありますが、戸村さんは一人で車を運転しながら、マイクで「空港に反対しましょう」と演説していた。途中で腹がへったり、お茶が飲みたくなると、知り合いの農家にどんどん入っていって、お茶をもらったり、おにぎりをもらったりしていましたね、どの集落にいっても顔の広い人でした。

伊藤　地元ではフリーパスの人だったのですね。「イサク」というクリスチャンネームをもっているくらいですから、最初はガンジーやマーチン・ルーサー・キング牧師のように無抵抗・非暴力で闘おうと思っていたのではないですか？

島　そのとおりです。闘争初期のころ、反対同盟が初めて三派全学連と共闘した空港公団成田分室に抗議したとき（六八年二月二六日）、戸村さんは機動隊から警棒でぶん殴られ、頭から大量の血を流したのです。それからガラリと変わった、無抵抗主義が一瞬にして吹っ飛んでしまった、とオレは思っています。それまでは、全学連や新左翼の学生たちが支援の挨拶に来ると、「暴力はダメだ」「暴力主義と一線を画すのだ」と、最初に必ず釘を刺していましたからね。二度目の成田分室襲撃（三月一〇日）のときには、それまではベレー帽姿で空港反対のタスキをかけるだけだったのが、このときは自らしっかりヘルメットを被り、青年行動隊に「武器をとれ」と、はっきり言いましたからね、オレらのほうがびっくりしたくらいです。

石毛　外郭測量阻止闘争のあとからは、農民自身というか、戸村さん傘下の人たちは、ほとんど無抵抗主義じゃなかったように思います。真の意味での実力阻止闘争だったと思いますね。

伊藤　新左翼諸党派と共闘するきっかけは何だったのですか？

石毛　最初の外郭測量の杭打ちがあったのが六七年一〇月一〇日、スクラムを組んで坐り込みをしていた農民たちは、初めて機動隊の暴力を経験するのです。そのとき、日本共産党は農民の坐り込みに加わらずに、ちょっと離れたところで「がんばろう」を歌っていた。それで反対同盟は怒ったのです。農民は何としても空港を阻止するんだと必死だったからね。

島　そのすぐあと、日比谷公会堂で開かれた三派系全学連の集会で、戸村さんは挨拶というか、演説をしている。演説の内容はもう忘れましたが、公会堂の管理者か消防署から「これ以上、会場に人を入れると危険だ」と警告を受けて、スピーカーを外に出して入場制限をしたことがある。あの集会から、新左翼諸党派にとって、戸村さんは三里塚闘争の象徴的存在となったんだと思います。

ただ、戸村さん自身、そのことを自覚していたふしがありますね。反対同盟の実務はいっさい事務局長の北原鉱治さんに任せ、三里塚闘争のシンボルというか、スポークスマン、アジテーターに徹しようとしていたような気がします。戸村さんはあちこちの集会に出て挨拶・演説をしますが、必ず事前に原稿を書いていました。そして、帰りの電車の中で録音した自分の演説をテープレコーダーで聞きながら原稿と照らし合わせていた。何をどう伝えるかにとても慎重で、かつ真摯な人でしたね。そして、戸村さんの裂帛《れっぱく》の演説と、あの毅然とした風貌が、全国から多くの支援者を集める大きな要因だったと思います。

石毛　確かにそうだね、戸村さんの演説には人を奮い立たせるものがあった。戸村さんなしには全国的な支援の広がりはなかったでしょうね。一方、実務一切を任された北原鉱治さんは、動員をかけるときなど、「集めた農民を、だれ一人怪我をさせないで無事に帰すか」と、常に気配りしていたのが印象的だった。

島　性格のちがいというのかなあ、二人の間には面白いエピソードがあります。オレが事務局次長になってからですが、戸村さんに呼び出されて「北原にこう言ってくれ」と頼まれ、それを北原さんの家に伝えにいく。すると今度は、北原さんに呼び出され、「戸村さんにこう言ってくれ」と頼まれるのです。戸村さんの家と北原さんの家を行き来しながら、オレは一体何をしているのだろう、きっと二人は仲が悪いんだろうと思ったことが何度かありましたよ（笑）。

伊藤　一九六八年には、もう非暴力・無抵抗主義は放棄していたということですが、非暴力主義は成功しなかったのですか。

島　ただ、農民たちがどんなに真剣に陳情しようが、話し合いを求めようが、抗議をしようが、国の姿勢が問答無用、黙って従えという農民無視がはっきりした時点で、空港をやめさせるには実力によって阻止するしか方法はなかった、戸村さんはそう決断したのだと思います。むしろ、菅沢一利さんたちの老人行動隊の闘い方のほうが、あのまま発展していたら、地域ぐるみの生活闘争というか、住民闘争というか、別の展開もあったような気がしますがね。

石毛　六八年は夏の査定阻止闘争ですから、そのあとは完全な実力阻止闘争となっていくんですよね。

加藤　資料を読んでいて意外だったのは、七〇年代中旬から後半にかけての戸村さんのスピーチの中に「三里塚闘争は階級闘争である」とあったことです。戸村委員長はそういう認識だったのですか。

島　たしかに途中から支援党派との思想の共有みたいなかたちになっていって、幹部ともあまり話をしなくなる。それに、いろんな集会に出て演説をしますからね。労働組合か何かの、その場に集まった聴衆に合わせて言葉を選んだのかもしれませんね。世界情勢や、当時のベ平連運動を意識的に取り上げて、「ベトナム農民と連帯する」と言ったりしていますからね。

石毛　ただ、オレら青行隊が中心になって「ロックフェスティバル幻野祭」をやりますと報告に行ったら、「若者はなぜ快楽主義に走るのか」と憮然としていたね。戸村さんはそういう倫理観をしっかりもった人、まじめで遊びのない人という感じだったね。

通学路を封鎖した機動隊に抗議する婦人行動隊
(1968年 6 月27日、天神峰で)

菅沢一利老人行動隊長の情熱

伊藤　老人行動隊の菅沢一利さんは、ちょうど私と同じ年代なのです。よく闘いましたね、一種の気迫でしょうか？

島　オレは本三里塚に住んでいましたから、古村のみなさんがどんな暮らしをしているのか、ほとんど知らなかった。反対運動が起こってからいろんな方々との出会いができるのですが、なかでも菅沢さんはいちばん印象が強いですね。三里塚闘争にかかわった老人の中では、あれだけの高齢で、よく頑張ってくれたと思います。「明治大帝のご恩」とか言って、御料牧場を大切に思っていたし、御料牧場と地域のつながりをよく体験しておられた。「御料であるということは天皇陛下と結びついている。その牧場を潰して空港をつくるとは何事か。国賊・反逆者は政治家であって、われわれには正義がある」と言って、誓願行動というのか、皇居の二重橋に何回も出かけていましたね。

石毛　菅沢さんは菱田の宿という古村に住んでいた。老人行動隊も自然発生的にできたのではなく、菅沢さんが各集落を一軒一軒回って、こつこつと組織していったのです。

伊藤　私が教員になりたてのころ、開拓集落に家庭訪問にいくと、土間で、すぐにコップに焼酎をゴボゴボと注がれて、ずいぶん困りましたよ。

石毛　昔はいきなり酒が出ましたね。オレも菅沢老人行動隊長を車で迎えにいったとき、まだ早

菅沢一利老人行動隊長

朝なのに、いきなり赤玉ポートワインを出され、驚いたことがある。
伊藤　この人の姿は、精神的にずいぶんみんなを励ましたのではないですか。
島　そこが偉いと思いますね。朝、家を出るとき握り飯を腰にぶら下げて、「空港反対」のハチマキを締め、一人でオルグに出かけていましたね。抗議行動のときは、青行隊は血気盛んで、すぐに機動隊に突っ込んでいこうとする。すると、菅沢さん出てきて「ここは一度、オレたちに任せろ」と言うのです。「若いもんは頭に血が上っているから、すぐにぶつかりあいになる。だから、とりあえずオレたちを前面に出せ」と言いましてね。ただ、ドラム缶が鳴って実力をともなう阻止行動となると、若い者を出してお留守番、子守りでした（笑）。
伊藤　老人が先頭に出て抗議をしたわけですね。菅沢さんは明治大帝の三里塚御料牧場をお守りするという天皇崇拝と、中国文化大革命の毛沢東バッジが、なんの矛盾もなく同居していた人でしたね。
島　広い三里塚地域にとって御料牧場の存在は、歴史的にも、空間的にも、強いつながりがあった。昔の入会地のようなもので、御料牧場の森林・原野は地域の農家の人たちが自由に出入りし、燃料用の薪を取ったり、木の実や草の実を採るのも自由。堆肥にする落ち葉を掻き集めたり、草を刈って自分の馬や牛に食わせたりしてきた長い歴史があるのです。また、牧場から牛や豚、山羊、羊、鶏などを払い下げてもらったりしていましたからね。
伊藤　牧歌的に共存共栄していたわけですね。

島　天皇制反対と、反権力闘争としてやる空港反対闘争は、頭の中ではまったく違うと思っていても、やはり地域の歴史を知れば知るほど、天皇家の牧場と地域の人たちが密接につながりあって、共存していることがよくわかるのです。青行隊が御料牧場の閉場式典をぶちこわすという騒ぎを起こし、親同盟から白い目で見られるのですが、そのときから菅沢さんの気持ちが、オレらにもわかるようになった気がします。

ただ、菅沢さんたちの宮内庁誓願というのか、二重橋に出かけるという行動は、新左翼の人たちが支援に入ってくるようになると、天皇制賛美につながり、まずいんじゃないかという雰囲気が出てきて、それで二重橋にいくことが中止されたわけではありませんが、老人行動隊のやることだから仕方がないという、あやふやなかたちで終わってしまった。でも、オレたちはもう少し老人行動隊の闘い方から学ぶべきだったかもしれませんね。

開拓集落をリードした小川明治さん

伊藤　空港問題が起こる前、小川明治さんは遠山中学校のPTA副会長でした。PTAの会合で酒を飲み、朝礼台の上で一人、よく演説していたことを覚えています。

石毛　明治さんは軍人あがりだった。小川源さんも、小川七郎さんも、親同盟の人たちはみんな軍隊経験のある人たちだったのです。戦争で弾の下をくぐってきた人たちだから機動隊の威嚇ぐらいでは驚かない。小川明治さんは代執行の年、七一年一月に心筋梗塞で急に亡くなりました。まだ五〇代だったね。

島　ずいぶん若かったね。軍隊時代は主計少尉で、連合反対同盟の副委員長でした。闘争の初期には共産党と一緒になって「平和の塔」を建てようと一所懸命だった。どうしてと思うほど熱心にやっていたね。四〇〇〇メートル滑走路の真ん中なので、それはまずかろうと、オレが説得にいったのですが、それで「平和の塔」は滑走路の南側、今の航空科学博物館のところに場所を移した。いまでは一種の聖地みたいになっていますよ。

石毛　実家の兄は戦争が終わって家に戻ってくるのですが、その後、戦犯として巣鴨プリズンに連行され、そこで自殺している。

伊藤　明治さんは木の根の開拓ですが、私が昭和三一年に遠山中学の教員になったころ、開拓の家々にはまだ電気が届いていなかった。掘立小屋で、筵が一枚下がっているだけで、それが玄関というか、出入口でしたね。

島　そうですね、ずいぶん粗末な家屋だった。一度、闘争の関係で明治さんのお宅をお訪ねしたことがある。三和土《たたき》があって部屋が一つ、正面に坐っている明治さんの頭の上に裸電球が一つあるだけで、家全体が薄暗く、そのよく見えない土間の隅で奥さんが生姜《しょうが》を洗って束ねていた。明日の出荷の準備でしょうが、「働き者だなあ」と思いながらも、それがなんとも侘しかったのを覚えていますね。

石毛　明治さんは、そのころ木の根に電気や水道を引く運動の先頭に立った人だから、ずいぶん

駒井野第１・第２砦前で執り行なわれた小川明治さんの49日法要
（1971年３月）

小川明治さんの墓地工事
（1971年８月24日、木の根）

人望があったのでしょうね。

島　開拓そのものの苦労もあるでしょうし、戦争が終わって民主主義の世の中になったのに、その民主主義をまったく無視するようなかたちで空港が来たからね。

伊藤　明治さんはいつも関東軍が被るような帽子を被っていましたね。あれは寒い国で戦う兵隊さんの帽子だと思うけれど、夏の暑い日も被っていましたね。

島　あの帽子は生地が厚いので、日除けになってなかなかよかったんです。また、鉄兜も被っていましたね。二重のヘルメットで、すごく頑丈にできたものを。

反対同盟の組織

伊藤　反対同盟の指揮系統は上意下達、ピラミッド型の系統になっていたとは思えません。具体的な運動方針・行動の伝達はどのような方法をとっていたのですか？

島　たしかに上意下達というのではないですね。もともと各集落ごとに反対同盟が組織されていますし、その集落の代表者が連合反対同盟の幹部会を構成していたのです。全国集会の動員などは幹部会で相談して決めますが、実力阻止闘争になってくると、もう方針も何もかも単純化しますからね、各集落ごとに独自の判断でやるということでしたね。

石毛　いくつかの集落を含む広い空港用地だからね（本書第二部図2、図3参照）、強制測量・査定阻止闘争となると、連日、あちこちの集落のドラム缶が鳴って緊急招集がかかるから、なにか

緊急招集用に設置されたドラム缶

方針を立てて取り組むというような状況じゃなかったね。

伊藤　あのドラム缶の設置は？

島　ドラム缶で空港公団の動き、相手の出方を知らせるという方法は、すでに富里の反対闘争でやっていたものです。駒井野に農民放送塔ができたのが七一年で、当時は電話はなく有線放送しかなかった。でも、広大な地域で連絡を取り合う方法といえば、次から次へと打ち鳴らしていくドラム缶がいちばん便利だったのです。各集落に一つずつ火の見櫓が立っていますが、まさか、それを打ち鳴らすわけにはいきませんからね（笑）。

伊藤　親同盟があって、老人行動隊、青年行動隊、婦人行動隊、それに少年行動隊もありました。その相互の関係はどうなっていたのですか。

島　農地を守るということは農民の全存在を賭けた闘いですから、必然的に「地域ぐるみ・家族ぐるみ」の闘争となります。それぞれの行動隊は各集落ごとに、自然発生的というか、闘争の必要性があってできた組織ですが、それをとりまとめていたのは各集落の代表者というか、リーダーたちです。みんなが集まる全国集会・統一集会などで顔を会わせれば、それぞれの行動隊がお互いに情報交換などをしていたでしょうが、実力阻止闘争になってくると自分の集落を守るだけで精一杯ですから、個々に工夫した戦術・行動となるのです。

親同盟が五〇代、老人行動隊が六〇歳以上、婦人行動隊はつれあいや嫁などで構成されていました。また、闘争の初期のころから少年行動隊も結成されており、代執行のときには砦に立て籠もるなど、何度も同盟休校をしています。同盟休校をしている子どもらに学業が遅れないように勉強を教えたのは支援の大学生たちです。その少年行動隊員が今では、親同盟と同じ年代、五〇歳台になっているのですから、闘争の長さを感じますね。

伊藤　青年行動隊は？

石毛　最初は「青年同盟」といって、民青が中心の組織だった。反対同盟が共産党と絶縁したあとは闘争から離れていきましたがね。それで、新たに親同盟の子どもたち、いわゆる農家の跡取り世代が集まって青行隊が結成されるのです。萩原進が行動隊長だった。

島　最初は世話役ということで行動隊長という名称を付けたのですが、御料牧場閉場式（六九年八月一九日）に青行隊が乱入し、行動隊長の萩原進が全国指名手配になってしまうのです。

石毛　行動隊長の顔を確かめずに、萩原の家にいた柳川秀夫が間違えられて逮捕される（笑）。

島　萩原は七〇年の末に突然、青行隊を抜けてしまう。それ以来、とかく青行隊は狙い撃ちにされやすいので、隊長はおろか役職は一切置かないというのが暗黙の諒解となるのです。

伊藤　初期のころは共産党の影響がずいぶん強いような気がしますが……。

石毛　館山に「県立農村中堅青年養成所」というのがあって、高校卒業後一年間寮生活をしながら勉強をするところがあるのです。そこを出た連中はほとんど民青になる、それくらい共産党の影響が強いところでしたね。

伊藤　婦人行動隊というのは？

天神峰で「家屋等立入調査」を見守る婦人行動隊
（1968年 6 月27日）

闘争で解放された面もあり、明るく談笑する婦人行動隊
（1971年 9 月、辺田集落で）

第１次代執行で砦に立て籠もる（1971年３月）

家族ぐるみ闘争として参加し、デモ行進する少年行動隊
（1971年８月19日）

石毛博道の結婚を祝う会
（1972年。写真中央が島寛征氏）

集会に参加する青年行動隊のデモ行進
（1971年６月６日、岩山付近で）

石毛　各集落のおっかあ連中が話し合って自発的にできた組織で、長谷川たけさん、郡司とめさん、小川むつさんが三羽烏だった。みんな芝山の人で、三里塚では大竹ハナさんがいましたね。
　当時の農村はまだ封建的で、女性の地位などないに等しい状態でしたから、おっかあ連中は家の中で虐げられていた。しかし、この闘争でずいぶん解放された面があって、とても明るくなりましたね。集会などで集まると大声で話はするし、よく笑うし、機動隊に向かってきわどい野次も飛ばしていたね。
加藤　現在、出版されている本は青年行動隊を中心に書かれているものが多く、実力闘争という面ではリードしていますが、親世代との兼ね合いでいうと、やはり親の言うことには弱いところがあったのかな、という印象がありますが……。
石毛　実力阻止闘争をやっていた代執行のころまでは、みんなの気持ちが一つだったから、方針も親同盟とあまり違わない。逮捕者が出そうな危ないところは青行隊に任せるとか、親同盟のほうにも「あいつらは止められないよなあ」という諦めの気持ちもあったのでしょうね。また、青行隊の組織自体に縛りがなかったからね。
伊藤　一見、統制がないように見えるが、それが組織の硬直化を防いだともいえますね。
加藤　親世代が決めた絶対的な方針みたいなものが、何かありますか。
石毛　方針については全員で話し合っていたし、実行役員会とか幹部会には青行隊も出席していますよ。でも、実行役員会にはあまり真面目に出なかったかな。ただ、何か問題が起こると、こういう方針で反対同盟を動かさなきゃダメだというときだけ、大挙して乗り込むのです（笑）。

加藤　第一次代執行のころまでは実力阻止でみんながまとまっていたが、第二次代執行、東峰十字路事件のころから、長期戦になるとズレが生じてきたという感じですか。

石毛　第二次代執行になると、闘争の主力が支援者部隊に移っていくのです。砦をつくるにしても、第一次よりもっと頑丈な砦が欲しくなるから、もう反対同盟の力だけでは無理なんです。駒井野の地下壕などは全部支援者がつくったものだからね。農民の力だけでは及ばない闘争になっていって、同盟本隊はだんだん遠巻きに見ているようなかたちになっていく。

そして、徐々に木の根の団結小屋やコンクリートの地下要塞に立て籠もっているだけではダメだということになってきて、青行隊は外周戦に入っていく。それは非合法な闘いに近いものになるから、親同盟には何も相談しなくなる。いわゆる武装ゲリラ戦などは新左翼諸党派の支援者との共闘で行なったものだからね。

闘争の中の人間模様

伊藤　三里塚闘争史にはいろんな人物が登場します。それらの群像をお聞きしたい。まず、内田寛一さんというのは？

石毛　芝山の人で、反対同盟全体の行動隊長だった人です。

伊藤　代執行のとき、立木に鎖で身体を縛り付けて抵抗したかあちゃんは駒井野の人ですか。

島　いや違いいます。三里塚地域のおっかさん連中はほとんど動いていないのです。

石毛　いちばん頑張ったのは大清水の宮本幸江さんだね。観光バスのガイドをしていたことがあると言っていた。大清水には社会党の団結小屋もあったし、小川国彦（元成田市長）さんらの影響もあったんでしょうね。

伊藤　菅沢さんが亡くなったあとの老人行動隊長は？

石毛　相川愛治さん、相川勝重芝山町長のおじいさんがやっていたね。

伊藤　のちに熱田派の代表となる熱田一さんは？

石毛　熱田さんは連合反対同盟の副行動隊長ぐらいではなかったでしょうか。

伊藤　図書館に『熱田てる物語』という本がありましたが……。

石毛　てるさんは熱田さんの奥さんです。横堀は明治の開墾で、熱田さんは横堀に入って二代目だったと思います。

伊藤　芝山空港反対同盟の委員長は瀬利誠さんですね。途中で闘争を離脱しているようですが……。

島　火事があってからだね。何年だろう、瀬利さんが離れるのは七六年か？

伊藤　火事はどうして出たの？

島　わかんないなあ。当時は消防も警察も、ちゃんと調べなかったんじゃないかな。闘争が激しくて調べようもなかったというか……。

石毛　七四年の冬じゃないかな。消防のホースが凍って寒かったのをおぼえている。瀬利さんはシベリア抑留者で、それも最後の帰還船だったといいます。家は明治の開墾で二代目でしたね。

伊藤　こういう人のことは責められないですよね。

島　戦争へ行き、シベリアへもっていかれ、そして芝山では反対同盟委員長、連合反対同盟では副委員長、胸中はかなり複雑だったのではないでしょうか。「もう苦労はしたくない」という思いが強かったのでしょうね。

石毛　空港が来たのは復員して一〇年ちょっとのときですからね。北原さんも、内田さんも、ほとんどの反対同盟の幹部たちは戦争体験者で、空港をつくろうとする側も戦争を体験しているから、考え方が荒っぽいんですよ。いきおい過激になっていったという側面もあったのかもしれませんね。

伊藤　石橋政次さんは脱落したということではなかったのでしょ。

島　まったく違います。どうしようもなかったのですよ。話し合い路線に傾いていたことは事実ですね。電話が盗聴され、運輸省の政務次官と連絡をとっていたことが八二年に暴露された、いわば陰謀みたいな話だったのです。

石毛　のちにもう一度同じようなことをやって反省文を書かされ、反対同盟の役職を降りた。無役になって移転を決めたんじゃないかな。親戚の存在も大きかったと聞いています。

島　弟さんは最初から空港賛成派で、大きな会社を経営していた。兄弟で刃傷沙汰が起こりそうだと心配された時期もありましたからね。

伊藤　そうすると、小川明治さん、戸村さんが亡くなって、瀬利さん、石橋さんが抜け、残っているのは事務局長の北原鉱治さんだけですか。

石毛　北原さんは、こうべい利いてる（機転が利いている）から、連合反対同盟ができてすぐのころに、同盟員から「無尽」のようなかたちで毎月積立金を集め、自分の呉服店の品物を売るというようなことをしていたね。同盟の仕事が忙しくて、商売ができなかったのかなあ。

島　それで、おっかさん連中とつきあいも深くなってゆき、顔も広くなっていったんでしょうよ（笑）。

伊藤　熱田一さんが代表になるのは？

石毛　熱田さんが表舞台に出てくるのは、反対同盟が分裂したときです。その前は普通の幹部だったのですがね。

島　瀬利さんがいなくなってからだね。

石毛　熱田さんが大事にされたのは、横堀の空港用地にかかった人たちが条件派になってしまい、あっというまにいなくなったからです。熱田さんは無頓着な人でね、余所へ出かけていき私服警官に声をかけられ、その車に乗って自宅に送ってもらったりしていましたよ。奥さんのてるさんは大頑固者で、徹頭徹尾、非妥協でしたね。

伊藤　現在、芝山町長をやっている相川勝重さんは？

石毛　石井新二が反対闘争に引っ張り込んだと言っている。相川は館山の「青年養成所」の卒業生で、そこを出た人は千葉県内に沢山いて、町長になったりしているね。いまは自民党員で、みんな千葉県の中堅どころを占めていますよ。
伊藤　石井武さんは？
島　東峰地区の幹部で、息子が青行隊の石井恒司です。
石毛　堀之内の屋号が「吹入」というから、石井武さんの先祖は芝山の吹入から出たんでしょうね。だから戦後開拓の中でも、堀越昭平さん、島村良助さんなどよりちょっと苦労が少なかったようですね。
島　あのころは、近隣農家の二男、三男がみんな開拓に入ったんだろうね。
石毛　小川明治さんも、小川源さんもそうだね、実家から米を持っていって開拓をするから、少しは楽だったようだね。
伊藤　戦後開拓で、四升の米をいっぺんに炊き、掻き回さないで食べていたというのは？
石毛　それは堀越昭平さんです。飯を炊く時間も惜しかったのでしょう。それくらい戦後開拓は苦労したといいますね。
伊藤　小川源さんは、どうして明治さんの埋葬された共同墓地を売り渡したのでしょうね。
石毛　共同墓地が反対同盟の地下要塞になっていたからね、墓地の上でドンパチをやりたくなかったのじゃないかな。

伊藤　共同墓地を売却しても、反対同盟は木の根を抱え込んで闘ったのでしょ。だから、成田用水問題も、本当はそういきたかったですね。

石毛　青行隊は抱え込んでもいいと言ったのですが、用地内の人たちはそうはいかなかったね。天神峰が頑として首をタテに振らなかったし、支援の中核派もうんと言わなかったからね。

伊藤　小川嘉吉さんは、遺産相続についてもボタンの掛け違いがあったわけでしょ。世直し一揆があった武州から来た明治の開墾で、畑に雑草一本生えさせなかったといいますから篤農家だったわけでしょ。彼が結着をつけられたのはシンポジウムのおかげですね。

石毛　それは間違いないでしょうが、本人は自分でやったと思っていますよ。小川さん二軒は、同盟の役員も引き受けなかったし、ただ用地内というだけで協調性がなかったね。だから、石橋政次さんと石毛常吉さんが年中役員会に出ていたのです。

伊藤　開墾は一人一人が一国一城なんでしょうね。

石毛　それにしても、石橋政次さんや石毛常吉さんは一所懸命、反対同盟につきあってくれましたよ。性格の違いもあるのかなあ。

Ⅱ　実力阻止の闘いへ

「武装」ということ

伊藤　一九六六年七月四日の閣議決定により三里塚空港反対闘争は始まります。連合反対同盟は一九六八年には「無抵抗」「請願・抗議」路線の闘い方をやめ、「実力阻止闘争」へと舵を切っていったということですが、その間の行動と心の葛藤についてうかがっていきたい。

島　実力阻止闘争の「武装」ということが最初に議論になったのは、相手を傷つけようとか、これで相手を打ち負かせると考えたのではなかったのです。国というか、空港公団が機動隊の圧倒的な暴力をもって威嚇し、問答無用の姿勢で空港用地の買収が進められていくなかで、オレらはそれにどう立ち向かうのか、これからの反対闘争をどう構築していくかという、挫けそうになる一人一人の決意を固めるため、のっぴきならないところにオレらの身を置く、という決意表明として「武装」という問題が浮上してきたのです。

石毛　成田市をはじめ近隣市町村議会の「空港反対決議」が次々に取り下げられ、土地を手放してもいいという条件派が九〇パーセント近くに達するという、圧倒的に追い詰められた状況でしたからね。当初は、作物を踏み荒して傍若無人に杭打ち・測量に来るから、怒りに駆られて道端にある石を拾って投げつけていた。次に棍棒となるのですが、最初に鍬《くわ》の柄《え》などの堅い棍棒を手にしたときは、これで機動隊と白兵戦をやるのかと思うと、怖くて身体が震えましたよ。相手を直接傷つけることになりますからね。

島　そして、竹槍、弓矢となっていくのですが、デモ行進に大きな草刈り鎌《がま》を持ち出したこともあります。ただ、あの草刈り鎌は「オレらは一歩も引かず、農地を死守する」という不退転の決意を示す、一種のデモンストレーションとして手にしたもので、あんなもの、重くて素人がだれでも簡単に振り回せるものではありませんからね（笑）。

伊藤　象徴としても、草刈り鎌というのは農民らしい武器ですね。

石毛　武装というのはだんだんエスカレートするんです。石井新二なんか、七八年には自動車の板バネを使って強力な弓を作ったりしましたからね。警察に押収されたからいいようなものの、あれを実際に使っていたらほんとうに死者が出たかもしれない。押収した警察が実験したら、鉄の矢が六〇〇メートルも飛んだといいますから、飛行機も打ち落とせたかもしれないわけで……。

伊藤　機動隊はかなり横暴に振る舞ったのですか？

石毛　いや、そうではなかった。最初は公団職員のうしろから付いてきていた。強制立入測量阻止闘争（七〇年）のとき、青行隊が畑の中に隠れていて、測量を始めた公団職員を竹槍で襲い、三人ほどに大怪我をさせたことがある。それ以来、機動隊が公団職員を守るようなかたちで前面に出てきて農民を暴力的に排除するようになったのです。

伊藤　老人行動隊でしたか、腰に「うんこ」の袋をぶら下げていましたが、これなども農民らしい武器ですね。

石毛　「糞ぶくろ」を投げたのは、菅沢さんたちの老人行動隊が最初だったのかなあ。

島　いや、あれは千代田農協あたりが最初だったと思うよ。農家はどこでも畑の端っこに穴を掘って、肥料にするため人糞を溜めておく肥壺《こえつぼ》があったからね。そこからバケツで汲んで、破れやすいビニール袋に詰めて投げつけたんだよ。

石毛　強制立入測量阻止闘争のとき、小川源さんは雨合羽を着込んで、その雨合羽に糞尿を塗りつけて公団職員や機動隊に抱き付いていっていましたよ。これなら自分の服に糞尿が付かないし、よく考えたものだなあと思った。発酵しかけた人糞は臭気がものすごいからね。この日、逮捕されたオレらは佐倉署にもっていかれたが、佐倉署の中は人糞の臭いが充満してすごかった。糞尿は農家の人たちは畑に撒く肥料として日常的に扱っているから何とも思わないけれど、公団の作業員や都会から来た人たちはすごく嫌なんだってね。ちょっと服に付いただけでブルッと悪寒が走ると言うのを聞いたことがある。

伊藤　竹槍以上に威力を発揮した、農民の独創的な武器だったのですね。

支援を訴える全国行脚

伊藤　そんな農民の抵抗にもかかわらず、御料牧場の広大な森林が伐採され、一九六九年九月から四〇〇〇メートルA滑走路の整地が始まっていきます。反対同盟はどんな抵抗闘争をつづけたのですか？

石毛　空港公団が買い取った土地を整地するのだから、手の施しようがないというのが実際でしたね。整地作業をするブルドーザーを見つけると村々のドラム缶が打ち鳴らされ、みんなで駆けつけ、その前に坐り込んだり、運転士を説得するというか、引きずり下ろそうと揉み合って作業を中断させたりしていた。でも、すぐに機動隊が出てきて、不法侵入・威力業務妨害・暴力行為で逮捕されてしまう。そんな毎日でしたね。

島　日々、見慣れた風景が激変していくので、情緒不安定になるというか、落ち着かない気分になるのです。そして、「作業をやめろ」と阻止行動に出かければ、見せしめのように次々と逮捕者が出る。その救援活動も大変だったし、こんなに逮捕者が出たら闘争の足手まといになるという意見も出てきて、あまり動員のドラム缶を叩かなくなるのです。あのころ、反対同盟は明確な方向性を見出せなかったのです。

石毛　虚しいというか、気分が滅入るんですよね、完全な消耗戦ですから。

島　それで、当時、反公害闘争や地域の生活を守ろうという住民運動が各地で起こっていましたので、それらの運動・闘争に学ぶというか、オレらの三里塚闘争への支援を訴えるために、青行隊は分担を決めて全国行脚に出かけるのです。

伊藤　島さん、石毛さんは九州に出かけたのですね。

島　筑豊の上野英信さん、森崎和枝さんを訪ね、話を聞いた。水俣の石牟礼道子さんもお訪ねした。北海道の伊達火力反対闘争をやっている人たちや、秋田県横手にむのたけじさんを訪ねた人もいます。そういう地域で活動する文化人や活動家はみんな小川プロダクションの小川紳介監督が紹介してくれたのです。小川紳介さんは顔の広い人でしたね。

石毛　本を何冊も出し、ずいぶん社会的に著名な人に何人もお会いすることができたのですが、オレらの話も真剣に聞いてくれ、みんな最後まで三里塚闘争を支援してくれましたね。

島　オレらは三里塚しか知らない井の中の蛙だったから、ずいぶん刺激を受け、勉強にもなりましたね。

伊藤　国の施策の矛盾、傲慢なやり方に対する不満をストレートにぶつけてくる、農村青年たちの純真さに感激したのだと思いますよ、成果は大きかったですね。

島　原発に反対している人たちに会うため、戸村さんと石川県羽咋《はくい》に行ったこともあります。あのときは大雪で鉄道がストップし、二日間閉じ込められて往生した。オレは何も知らなかったけれど、戸村さんはあのときすでに原発の危険性に注目していたんですね。

ちょうどそんなとき、菱田・中郷集落のおやじさんたちが「人の土地に入り込んで闘うから逮捕されるんだ。自分の土地ならだれからも文句を言われる筋合いはねえ」と言って、「空港公団用地」の看板をもじって「反対同盟用地」という大きな看板を、天浪団結小屋の敷地に立てたのです。なるほどなあと思いましてね、そんな考え方を発展させ、青行隊は天浪・木の根にあった団結小屋にバリケードを築くことになっていくのです。

伊藤　そのあたりが『壊死する風景』（一九七〇年刊行）の中で議論されている内容ですね。

島　「土地は売買できるが、土は百姓固有のもの」という、オレたちの思想というか、闘争の目標がはっきりしてきて、少し元気が出てきましたね。

石毛　バリケードを「砦」と呼んで、木の根の青行隊団結小屋の土地にはコンクリート製の地下壕もつくった。そうなると、もう「要塞」だね。空港公団が強制収用に来れば、そこに立て籠もって最後まで闘おうということになっていくのです。

第一次代執行

伊藤　そうして「日本農民の名において収用を拒む」というスローガンを掲げた第一次代執行、第二次代執行阻止闘争となっていくのですが、まず第一次代執行は一九七一年二月二二日から三月六日とあって、寒いときですね。

島　寒かった、そんな印象がいちばん強いね。

石毛　そう、寒かったね。車の中で寝たことがあるんですが、格別寒かった。でも、二二、三歳のころは全然苦労じゃないんですよ、身体が丈夫だから。

伊藤　石毛さんの俳句に「寒卵獣のごとく夜にすする」「円空がほしがりそうな薪をたく」というのがあって、当時の緊迫した情況が目に浮かぶようです。

石毛　第一次代執行は期間が長いし、だんだん相手がエスカレートしてくるから、最後はほんとうに暴力的になった。でも、砦に竹槍や火炎瓶といった武器は入れていなかった。無抵抗の抵抗というか、スクラムだけで闘うというのが反対同盟の方針だったからね。そして、機動隊にめちゃくちゃにやられ、柳川やオレらが竹槍や火炎瓶を入れなきゃ砦を守りきれないと言って、瀬利（誠）さんら幹部連中とやりあうのです。

三月三日は雨が降っていた。婦人行動隊のおっかあたちは砦の杭に自分の身体を鎖で巻き付けて必死に抵抗したが、非情にも杭ごと引き抜かれ泥水の中を引きずられていく。立木に登って抵抗した者は立木ごと切り倒されて転落する。それらをやったのは、オレらが「毀し屋」と言っていた、公団に雇われたヤクザ風の作業員だった。

第二砦が徹底的に破壊されたあと、機動隊は後方に引いていた。みんな泥だらけになって呆然と立ち尽くしていたら、加瀬勉さんが「何をもたもたしている、早く砦を作り直せ」って凄い声で叫んだ。それで、みんなハッと我に返り、引き抜かれた丸太を寄せてきて夕方までに砦を作り直した。土砂降りの雨の中、黙々と砦の修復作業をつづけるみんなの姿は感動的だった。そして、この人は凄い人だと思いましたね。

伊藤　加瀬勉さんとはどんな方ですか。身体を張って闘い、何回も逮捕されていますね。

石毛　社会党のオルグとして富里で空港反対運動をやっていた人で、富里が勝利したので三里塚に来たという、とても能力のあるオルグでした。芝山空港反対同盟の拠点は千代田農協にあったのですが、そのすぐ近くの「千代乃屋」に住み込んで活動していました。

島　いまはお百姓をしていますよ。一度、遊びに行ったことがある。

伊藤　心情的には好きなタイプだなあ、この人と一緒だとロマンチックでしょう。

石毛　もう徹底した非妥協主義で、武勇伝いっぱいの人だね。管制塔占拠事件のころまでは支援者の神様のような存在でしたよ。いまでも思想的には六〇年代じゃないですか。勉さんのことは、朝日新聞の元記者だった人が『ノーサイド・成田闘争』というタイトルで本にしています。でもこの本は、すべて実名でノンフィクションのかたちをとりながら、至るところにフィクションというか、作り話を挟むといった、ひどいものですよ（笑）。

　三月四日は休戦となったのですが、五日から代執行が再開され、五日は火炎瓶が飛んだし、機動隊の放水も凄かった。オレは三月五日に逮捕されるんです。

伊藤　石毛さんは五回逮捕されていますが、これが最初の逮捕ですか？

石毛　いや、三回目だね。三日戦争（七〇年）の木の根と、高校を卒業する年の三月、空港公団成田分室襲撃のときにも、見に行っていて、倒れている学生を助け起こそうとしたら逮捕されたから。

第１次代執行が始まる（1971年２月22日～３月６日）

第４地点・駒井野（1971年３月２日）

砦の杭に身体を鎖で巻き付けて抵抗する婦人行動隊（1971年３月）

立木の上につくった抗議小屋も立木ごと倒された（1971年３月、駒井野）

伊藤　どこへ連れていかれたの?

石毛　このときは秋葉清春、三ノ宮文男と一緒に東京の上野署に連れていかれた。ずぶ濡れのまま三日間拘留された。そのころは、だいたい三日くらいで釈放されていましたね。

伊藤　そのときのことですね、長靴を履いて上野の街を歩いていたら「あんちゃん仕事あるよ」って声をかけられたというのは。

石毛　三ノ宮と二人で上野の駅前をフラフラしていたら、逮捕されたときのままの泥だらけの服装だったから浮浪者か日雇い労務者に間違えられたのでしょうね。

あのころは逮捕されてもだれも迎えに来なかったし、差し入れなんかもなかった。みんな闘争に追われていたから、それどころではなかったのです。逮捕されたオレらも自立していたというか、期待なんかしていなかった。ポケットに入っていた小銭で電車に乗って帰ってきました。

島　第一次代執行の公団・機動隊の情け容赦ない暴力を目の当たりにして、反対同盟はどう対処すればいいのか、今後どうすればいいのか、方針が出せずに追い詰められていた。ブルドーザー、ユンボなどの重機を用いた徹底した破壊力は農民の想像を遥かに超えていましたからね。

石毛　でも、当時の新聞にも「穴を残した代執行」と書いてあったように、オレら青行隊は警備していない砦に出入りして地下壕を掘りつづけていたのです。でも、状況は暗くなる一方だったね。武装するということは竹槍で突いたり、火炎瓶を投げたりすることだから、必然的に相

７月仮処分で駒井野農民放送塔が撤去された
（1971年７月26日）

手を傷つけることになり、それが自分たちにも跳ね返ってくることを覚悟しなければならない。それに、第一次代執行のとき、オレは機動隊に穴（地下壕）から引きずり出され、公団職員が輪になった中に連れていかれ、殴られ足蹴にされて死ぬかと思うような仕打ちを受けた。穴に立て籠もっていれば逮捕されるか、リンチを受けるだけだからね。

そして、収用した穴を取り戻しに来た「七月仮処分」となるのですが、青行隊はオレ、柳川、三ノ宮が支援者と共に地下壕に入り、他のメンバーはすべて外周戦に回すというかたちをとった。そして、公団や機動隊がユンボやブルドーザーで砦や地下壕を破壊しようとするのを背後から襲い、ある程度の成功を収めた。それで、砦を守るだけじゃなく、こんな闘い方もあるのかと気づいたのです。

島　それに、九月初旬に来た台風で地下壕が全部水浸しとなり、ほとんどの支援者と青行隊は砦というか地下壕の中に立て籠もって闘うことができなくなるのです。反対同盟は明確な方針も出せず、情況としてはとても不安定なかたちで第二次代執行を迎えることになったのです。

石毛　七月仮処分のとき、農民放送塔が建っていた場所も収用されますが、そのとき穴（地下壕）の中で捕まって、今度は館山署へ連れていかれた。

伊藤　千葉の館山？

石毛　そう、館山署の留置場は江戸時代のような丸太の格子だったね。

島　格子を丸太ん棒で組んであるの？

石毛　いや、丸太が何本も立っているだけ、びっくりしたよ。でも、館山署の警官はすごくのんびりしていたね。なぜかというと、留置所から逃げ出しても、山道と港を封鎖すれば、どこにも逃げられないいんだって。

伊藤　鹿児島と同じで、山と海で地域一帯の封鎖ができるんですね。

石毛　三日目に検事調べで千葉に行った。帰りに二人の警官とファミリーレストランへ入ったのですが、オレの手錠を外し、カレーをご馳走してくれましたよ。被疑者の手錠を外し、腰縄をとるなんて、いまなら服務規程違反で大変なことですよ、オレも驚いたね。

伊藤　被疑者が、三里塚空港反対闘争で逮捕されたことを知っていたのでしょうね。テレビニュースで全国に流れましたから……。

第二次代執行と東峰十字路事件

伊藤　九月一六日から始まる、第二次代執行のほうが熾烈な闘いだったのでしょ？

島　いや、いや。木の根の火炎瓶が飛び交う場面や、九月二〇日の大木よねさんの家屋取り壊しといった悲愴な場面など、テレビ報道で見るかぎりはそうですがね。

石毛　第二次はほんとうの意味の実力闘争で、支援諸党派も全国動員をかけていたから、反対同盟は後景に退いていたのです。木の根の団結小屋には幹部数人がコンクリート製の地下要塞に立て籠もっている程度だった。機動隊も第一次のように暴力的に殴る蹴るといったふうじゃな

駒井野城も破壊され、撤去された（1971年９月16日）

初めての家屋収用となった大木よね宅（1971年９月20日）

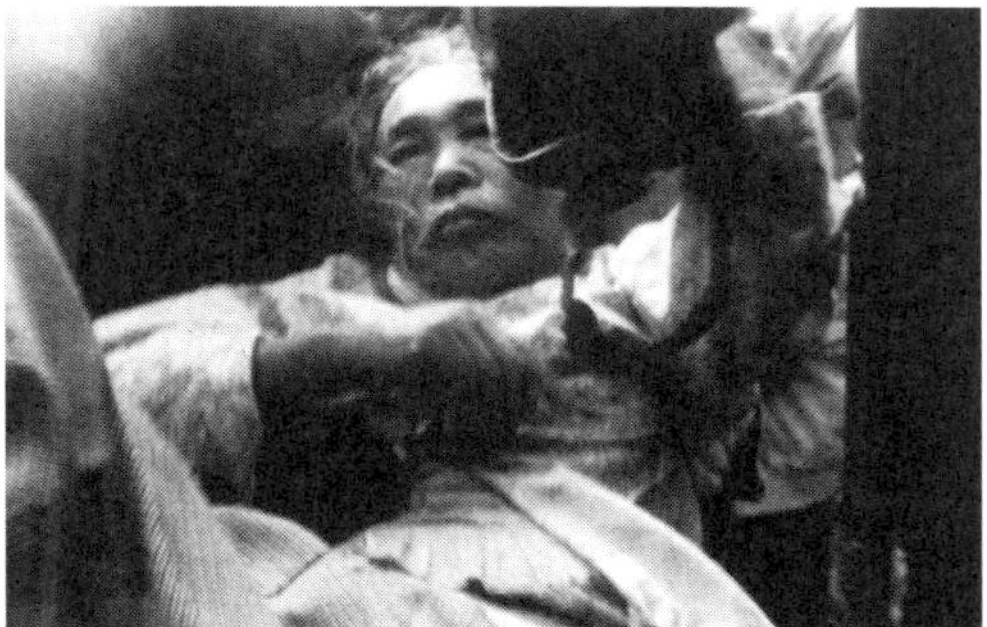

強制退去させられる大木よねさん

かった。ただ、支援者の闘争は放水がつづくなか、火炎瓶がぼんぼん飛ぶし、砦を壊しにきたユンボの上で渡り合うなど、かなり激烈だったようですが……。

伊藤　テレビや新聞など、ジャーナリズムの扱いは第二次のほうが派手に出ています。そして、東峰十字路事件が起こっている。

石毛　ですから、支援者部隊と合同で外周戦、ゲリラ戦を闘った青行隊としては第二次のほうがきつかったのです。棍棒や火炎瓶を用意し、完全武装の闘いで代執行を阻止するつもりだったのが、外周戦はたった一日で終わってしまう。

伊藤　三警官が死亡していますね。警備にあたっていたのは神奈川県警の交通課のお巡りさんだったといわれていますが……。

石毛　裁判の経過の中でわかったことですが、みんな交番勤務のお巡りさんの寄せ集めだったようです。その部隊は、反対同盟がそこここに隠した武器、火炎瓶や棍棒などを探し出すのが任務だった。現場の地理に不案内で、吉岡十字路を東峰十字路と勘違いして、そこでいったん部隊を降ろしている。どうも違うということで東峰十字路へ来る。しかし、当時の東峰は反対同盟のいちばん強いところで、まだたくさん反対派の家があった。第一次代執行で壊された野戦病院も、第二次のころは天神峰入口の「てるの屋食堂」の脇に移っていたし、天神峰も東峰も危ないところだったのです。そういう事前調査というか認識が、機動隊にはまったくなかったのでしょうね。

島　たしかに天神峰や東峰は、支援の学生も多く入っていましたし、機動隊との衝突が最も予想されるところでしたね。

石毛　二七〇人くらいの警察官部隊を、東峰十字路の北と東の二方向から、支援党派の棍棒や火炎瓶で武装したゲリラ部隊と、地方大学から小グループで来た学生たち八〇〇人くらいが挟み撃ちにして取り囲み、石を投げたり、火炎瓶を投げつけたり、棍棒で殴りかかるなど、手の付けられない状態となって、事件は起きた。西方向と南方向の道が空いていたのであの程度で済んだともいえる。オレらは、ただ機動隊を混乱、悩ませればいいと思っていたのであり、制圧できるなんて思ってもいなかった。それが、機動隊を完全に制圧して、東峰十字路を党派のゲリラ部隊が堂々とデモ行進をしているのを見たときはびっくりしましたよ。

島　第一次代執行のとき、反対同盟は「包囲・逆包囲」という作戦をとったのです。中心部は反対同盟が立て籠もる、それを機動隊がぐるりと取り囲むが、そのうしろに何もしなくてもいいから、この闘争を見に来てくださいと、近隣市民に広く訴えていた。そうすれば、衆人環視の状態となり、機動隊の横暴を防ぐことができる、告発することができるという考えでした。これは茨城県の常東農民運動を指導した山口武秀さんの考えた戦術だったのですが、観光バスを仕立てて来てくれるグループもあって、かなり成功を収めた。しかし、第二次では機動隊が「三重の輪」といって、先手を打って広範な道路封鎖を行ない、見物人というか、闘争を応援してくれる人たちの動きを封じ込めてしまった。それでも、阻止線を潜り抜けてかなり多くの数の人たちが集まってきて、指揮・統制もないままに近くにいた機動隊に投石したり、装甲車をひっくり返して火をつけるなど、手の付けられない騒乱状態となってしまったのです。

東峰で何かあったらしいという情報は反対同盟本部にもすぐに入っていたのですが、機動隊に取り囲まれていて身動きがとれなかった。すると、山口武秀さんが「オレが見てこよう」と言って大きな黒塗りの車で出かけていき、三警官の死亡を知った。あの事件は何時ころ起こったの？

石毛　早朝七時ころです。オレら青行隊は横堀に本部を置き、警察無線を傍受し、要所要所にレポを立てて無線で警察の動きを逐一伝え合っていた。東峰で警官が半裸にされ、手錠をかけられたり、道路脇にゴロゴロ倒されているのを見て、大変なことになっていると思った。

島　「これが有利となるか、不利となるか。これからは大変なことになる」と山口武秀さんは言いましたが、ほんとうにえらいことになってしまった。

石毛　そうだね。この三警官死亡事件が起こるまでは、反対同盟の力のほうが強かったから、機動隊が集落に入ってくるようなことはなかった。それが、この事件をきっかけに装甲車で堂々と乗り込んでくるようになり、報復というのか、支援者を見つけると殴る蹴るのリンチを加える、団結小屋の布団に小便を掛けたり、部屋の中をめちゃくちゃに壊していくようになったんです。

伊藤　そんな横暴なことが、現場指揮官の判断でできることではない。もっと上層部からの指示があったのでしょうね。まさか、住民・農民に直接暴力を振るうようなことはなかったんでしょ。

石毛　いや、千代田ではバスから降りた、何の関係もない高校生がいきなり殴られたりしています。暴力による恐怖支配というのか、もう機動隊は傍若無人だったね。

島　逆に、反対同盟のほうは「機動隊員も人間だ、それを殺したのだ」と言われましたからね。あのころのマスコミは「反対同盟は悪」という報道を繰り返していましたし、機動隊員の横暴というか、人権蹂躙はもうやりたい放題でしたね。

伊藤　マスコミは第一次代執行の現場取材で機動隊の過剰警備を見て、農民たちの闘いに理解を示すようになっていたものが、東峰十字路事件でまた風向きが変わったのですね。

三ノ宮文男さんの死

伊藤　東峰十字路事件から二週間後の一〇月一日、「この地に空港をもってきたものをにくむ」という遺書を残して三ノ宮文男さんが抗議自殺しています。この闘争における反対同盟の最初の犠牲者となられた三ノ宮さんの人柄についてお聞きしたい。石毛さんは「こわごわと友のむくろを抱く秋ぞ」という句を詠んでいますが、大きなショックだったでしょうね。

石毛　文男はオレより一年多く闘争をやっている。オレが高校二年のときに反対闘争が起こったのですが、文男は高校を卒業してすぐ、外郭測量のときから青行隊に入っていた。次の夏の闘争、査定阻止闘争もきつい闘いだった。夏の農作業のいちばん忙しい時期に、連日、天神峰や東峰などでドラム缶が鳴り、公団職員に石を投げつけていたのです。

伊藤　機動隊の暴力と対峙して、実力で抵抗しきれないものが、三ノ宮さんにはあったのでしょうか。

島　いや、彼はすごく真面目な男でしたからね、真剣に闘争のことを考えていた。ただ、竹槍や棍棒といった武器を持った武装実力闘争というのは諸刃の剣というか、どうしても、人を斬るか、自分を断つか、というところにいってしまいますからね。だから当時は、三ノ宮ばかりでなく、青行隊はみんな危険な精神状態でしたね。

伊藤　非情にならなければ闘いきれないところがあったのですね。

石毛　もちろん、そうです。腹いせに条件派農家の落花生をかっぱらったり、作付けしているタバコの葉を叩き落としたり、婆さんが持っていたカメラを取り上げてフィルムを抜いたり、文男と一緒に悪さもいっぱいした。オレはそういう悪さをしても、条件派となった相手が悪いんだと精神的なダメージは受けなかった。文男とちがって、深く考えないタチなんだろうね。

伊藤　人にもよりますが、三ノ宮さんは内省的な人だったんですよ。

石毛　第一次代執行のころから、火炎瓶など、だんだん強力な武器を持つようになっていきますからね。石を投げ、棍棒を持って襲撃し、機動隊を混乱させる。一度うまくいくと、今度は竹槍でやろうと、武装闘争というのはだんだんエスカレートしていくのです。

駒井野第２砦で仮眠する三ノ宮文男（1971年２月）

伊藤　親同盟は武器を使っちゃいけないと言っていたんでしょ。でも、ついに許可が出たわけですか？

石毛　代執行のときはね。どんな武器を持ってもいいが、自分の責任でやれということだったね。でも、その前の強制測量のときからオレらはもう竹槍を持っていた。文男と一緒に、岩山で測量をしていた公団職員を襲って、二、三人に大怪我をさせたことがある。

一度だけ、文男がゲリラ闘争を断ったことがあるんだよな。当時、三里塚ゴルフクラブのクラブハウスを日本航空が現地事務所として使っていた。そのクラブハウスを燃やしてしまえという計画があって、文男に「明日決行するが、どうだ」と言ったら、「決断するのに一週間くらいかかるから、今回はちょっと悪いな」と断られた。あれは七一年の五月ころだったと思うね。

伊藤　それは三ノ宮さんのほうが正解ですよ。でも、だれにも相談できないのでしょうね、弱音を吐けば裏切り者と言われかねないから……。

石毛　そういう雰囲気が蔓延していたね。若いときというのは自分が基準だから、自分が大丈夫だと思うと、人の気持ちを思いやることができない。「野郎、意気地ねえなあ」ぐらいで、文男にはかわいそうなことをしたと、いまでも思っている。

伊藤　闘争をやるとなれば、石毛さんは有能な戦士だったし、島さんは有能な軍師だったわけだ。三ノ宮さんは逃げるわけにもいかず、かといって突っ込むこともできない。仲間や親がいるから蒸発しちゃうこともできないのでしょうね。

石毛　そうですね。当時の情況では逃げ出すことはできなかったでしょうね。それに、集落の中では上から二番目くらいの年齢だから、文男はリーダー格だった。年嵩のリーダーたちはみんなきつかっただろうと思いますね。それで、もう七〇年の暮れには「おら、青行隊を辞める。これからは農民連合でいく」と言って、身を引く者もいたからね。

島　そうだね、「農民連合」と言っていたね。どんな構想、内実があったのかはわかんないけどね。

伊藤　最後まで闘った人でも、心の中では三ノ宮さんみたいに首を括りたくなったり、逃げ出したくなった人もいたと思いますが、仲間は裏切れないという気持ちが強かったのでしょうね。

石毛　三ノ宮も青行隊を抜ける手もあったんだ。でも、無理だったね、当時の人間関係、集落の中の彼の立場では、それはできなかったでしょうね。

青行隊の逮捕と救援活動

伊藤　東峰十字路事件のあと、青年行動隊は全員逮捕されるわけですか？

島　青行隊を中心に……。青行隊が狙い撃ちにされたという言い方もありますが、東峰十字路事件の実行部隊は事件のあと都会に帰ってしまって探しようがない。一方、青行隊はなんの闘争でも、いつも前面に出て闘っているから、全員、警察の現場写真に顔が写っていますからね。

この日、青行隊は代執行の現場である駒井野には一人もいなかった。青行隊は何かを知っているはずだ、地元にいる青行隊を逮捕して吐かせればなんとかなると考えたんじゃないですかね。そのため強引すぎたといえます。

石毛　七一年一二月八日から一斉逮捕が始まるのです。年内に三回ぐらい逮捕劇があって、オレはその年の一二月一八日に結婚式をあげ、次の年の一月五日に逮捕された。当時は新聞記者が「明日は逮捕があるぞ」と警察情報を教えてくれていたね。それで、みんな覚悟を決めるのです。

島　翌朝逮捕という情報が入ると、夜中にやられるかもしれない人の家へ行き、親に話をして拘置所で使う日用品などを用意してもらい、秘匿しなければならないビラや文書を預かってきていましたよ。

石毛　家宅捜索で危なそうなものは、みんなかたしておけと言ってね。

伊藤　いまでもいろんな冤罪事件で、自白強要というか、どうして無実を訴えつづけなかったのかと言われますが、東峰十字路事件の被疑者はどうでしたか？　早く責め苦から逃れようと「私がやりました」と言ってしまうこともありますよね。

石毛　最初は凶器準備集合罪というたいした罪じゃなかったから、取り調べも穏やかだった。ところが、二回目、三回目の逮捕になってくると、傷害致死罪が追加され、だんだん厳しくなってくるのです。拘留が二三日間で、朝の一〇時から夜中の一二時ころまで椅子に坐りっぱなしで尋問されるから、取調官からのいろんな情報が刷り込まれていく。そして、本当に自分がやったと思い込んでしまう人も出てくる。傷害致死容疑で逮捕され、保釈された岩山の青行隊の一人が「オレらは輪になって警官を殴ったよな」と言ったらしいのですが、それを聞いたリーダーはゾッとしたといいますね。でも、長く拘禁状態に置かれると、そういった精神状態になるんですよ。「オレらは、そんなことはしてないよ」といくら説得しても、気の弱い人はそういうふうに思い込んでしまう。

それ以外にも、検察側へ寝返る人も出てきた。検事の言いなりになって、保釈されたあと仲間を募って「検事のところに行くべよ」と言い出す者が出てきたのです。「検事のところに行けば起訴しないと言っているから」と言い張るのです。拘留が長くつづくとそういう精神状態に陥ってしまうから、ほんとうに怖い。そして、いろんなことがトラウマとなって、オレも、その後の闘争に復帰するのにずいぶん時間がかかったね。

伊藤　救援態勢、保釈金、弁護士の費用などはどうしたのですか？

島　各集落、各行動隊ごとにアルバイトに出て、みんなの保釈金を稼ぎ出そうということになった。婦人行動隊はローテーションを組んで近くの料理屋や食堂の皿洗いなどに出かけていましたね。当時はまだ、いくらでも仕事があったし、それに警官を殺した反対同盟の人間だからといって断られることもなかった。周辺の人から「たいへんな闘争をやっている人たちだ」と、かえって喜ばれるという不思議な雰囲気もあったと聞いています。

石毛　七一年の暮れから七二年にかけて、オレら青行隊やおやじたちは川崎製鉄所の泥浚いのアルバイトにいった。これは凄い労働だったね。ベルトコンベアーからスラグみたいなものがズルズルと流れてくるのをスコップでかたす仕事で、一、二回やったけれど、とんでもなくきつかったなあ。

反対同盟がアルバイトで稼いだ金額は半端じゃなかったね。あのころは一人一〇万から二〇万の保釈金が必要だったからね。それに、「不法耕作」という、畑の共同作業もやりましたが、その収入も大きかったね。

島　まだ工事の始まらない空港公団の用地に勝手に入り込んで野菜を作っていたのです。「勤勉なお百姓は荒れた畑を見るのを嫌がる」と言う人もいましたが、どうですかねえ。大きな収入源になったことは事実です。

石毛　小川源さんはよく落花生を作っていたね。これが高収入となった。

伊藤　東峰十字路裁判はジャーナリズムの扱いも弱かったから、資金カンパはあまり集まらなかったのではないですか？

石毛　そんなことはないですよ、カンパも集まりました。判決の前に全国的なカンパ要請運動をやって二〇〇〇万円以上集まったのじゃないかな。

伊藤　弁護士費用もたいへんだったでしょう。

島　弁護団も、党派の弁護士は第二次代執行で逮捕された者全員の統一弁護団をつくろうと主張し、それでは闘えないということで、新たな弁護士探しから始まったのです。

石毛　新左翼支援党派の完全黙秘組と、膨大な供述調書を取られてしまっている青行隊とでは裁判のやり方が自ずとちがってきますからね。裁判の終盤では、東峰被告団の方針として、被告人質問で、あの日、自分らが東峰十字路でやった本当のことを全部、裁判で喋ろうということになったのです。

島　こんなことは、新左翼弁護士の教条主義では対応できることではなかった。オレは逮捕されていませんが、裁判を傍聴していて、みんな不安定な精神状態に陥ってしまって、「おい、おい、しっかりしろよ」と言いたくなるくらい、しどろもどろでしたね。ふつうの農家の子だから、無理もないことですがね。

石毛　それが、八六年の千葉地裁判決では「供述調書にある自白は過剰迎合が認められ、それも伝播性がきわめて顕著である」と判断され、全員に執行猶予がつくのですから、なにが功を奏するかわからないものですね。

岩山鉄塔撤去阻止闘争

伊藤　一九七二年三月に芝山町岩山に第二鉄塔が建設されています。一期工事の用地がすべて公団のものとなりましたね。

島　あれは、二度の代執行で滑走路本体をやめさせる拠点を失った反対同盟が、たとえ四〇〇〇メートル滑走路ができても、その使用を阻む手段として、支援者が中心となって建てた六二メートルの大鉄塔なんです。東大工学部の先生で、鉄塔を建築する専門家が設計図を引き、いまのスカイツリーと同じ工法で、真ん中に一本のポールを立てて組み上げていくというものでした。

石毛　反対同盟は、すでに高さ三〇メートルほどの小さな鉄塔を建てていた。それにつづく本格的な鉄塔だった。組み立て式で、町工場の技師や職人さんたちが部材づくりに協力してくれたのです。町工場で作った部品を、夜中のうちに少しずつ少しずつ運び込んで林の中に隠しておき、クレーンなどの重機はいっさい使わず、滑車で引き上げ、人力だけで一気に組み上げたのです。小川プロの「岩山に鉄塔が出来た」という映画に記録されていますが、いま鳶職の人が見ると驚くような工法・作業だったと言います。

島　あれは、立川基地反対闘争をしている砂川町で、基地の滑走路を監視するために建てた鉄塔と同じものらしいよ。

石毛　展望台というか、テラスを作ったり、基礎をパネルで固めるなど、かなり頑丈に作り、全国に呼びかけて共有化していたのに、あっけなく倒されてしまったね。

島　鉄塔取り壊しの重機を運び込むための取付道路工事を阻止する闘争もやった。あのあたりはカーブが多く、田圃なので地盤がもろくて工事が難航し、「作業員がやってられないと手を抜いているので、かなり時間がかかりますよ」と現場の技師が教えてくれたことがある。連日、

三里塚闘争最大の動員となった岩山第二鉄塔決戦
(1977年4月17日)

阻止闘争をやっていたから、オレら反対派に同情してくれたのだろうね。

石毛　反対同盟は東京で集会を開き、一〇万人鉄塔共有化運動を始めていたし、（七七年）四月一七日には三里塚闘争最大規模の動員といわれる「鉄塔決戦全国総決起集会」も開いていた。そういった反対同盟の動きを見越したように、五月六日、突如、抜き打ち的に鉄塔が倒され、撤去されてしまった。

この裁判所とグルになったあまりにひどいやり方に、戸村委員長は「手段を選ばず闘おう」と檄をとばし、空港五番ゲートに向けて無人車を突っこませたり、芝山町千代田の県道は市街戦のような騒擾状態となったのです。それに危機を感じた機動隊が、デモ隊に催涙ガス弾を水平に構えてバンバン撃ち、そのガス弾の直撃を受けて東山薫さんが死亡するという事件が起こってしまった。

島　その東山君の死に対する報復ということで、ある党派が芝山町長宅前臨時警官詰所を火炎瓶で襲撃し、警察官一人が死亡、五人が重軽傷を負うという事件も起きた。これからどんな闘争になっていくのか、見通しのつかない暗澹たる気持ちでしたよ。

その後、岩山地区は、滑走路の先端、飛行機が飛び立つ直下にあったので、騒音被害が最も激しく、神社や墓地といった、これまでの村の機能をそっくり保持したまま移転する「全村移転」を初めて実現することになるのです。

管制塔占拠事件

伊藤　結果的には、東峰十字路事件は空港公団、取り締まる機動隊側のいい宣伝材料となってしまいましたが、岩山鉄塔撤去阻止闘争における東山薫君の死は、反対闘争をする側にとって機動隊の横暴さを非難する正義の主張となりました。そして、一九七八年三月に空港の管制塔を占拠するという衝撃的な事件が起こります。突入したのはどこの部隊だったのですか？

石毛　東山君の死が、管制塔占拠事件の勢いとなっていたのは事実でしょうね。作戦を先導したのは第四インターで、それに戦旗とプロ青同が加わります。岩山鉄塔撤去のあと、反対同盟は七七年一二月から、B滑走路南の三ノ宮さんの土地にコンクリート製の要塞（地下一階、地上三階）の建設を始める。七八年二月にこの上に鉄塔が立つと、県警は撤去にかかるのですが、岩山鉄塔の二の舞をさけ、十分な準備をして立て籠もった反対同盟・支援者との一大攻防戦となっていく。最後に、鉄塔に登った支援者四名が二昼夜、ずぶ濡れのまま頑張りますが、凍死の危険があるということで、石井新二がマイクで呼びかけて降ろすのです。この攻防はテレビ中継されて全国に流れた。

三月二五日、同じ場所にまた鉄塔が立ち上がる。これが、地下排水溝に潜り込んだ実行部隊を管制塔に突入させるための、四〇〇〇人による陽動作戦の始まりだったのです。この作戦にかかわっていたのは、反対同盟では新二と柳川だけで、あとはだれも知らなかった。

このころは、Ｂ滑走路も、第二ターミナルも、影も形もなかったのだから、警察も開港目前の空港を守ってさえいればよかったのですよ。警備本部の会議では、中村県警本部長が「鉄塔には手を出さず、空港本体の警備に専念すべし」と主張するのですが、警視庁のキャリアに押し切られたといいます。

三月二六日から鉄塔撤去が始まり、このため警官四〇〇〇人が投入されている。突入作戦は小型トラック二台で始まる。トラックがパトカーを執拗に追い回し、そのパトカーが空港内に逃げ込もうと北側の第九ゲートが開いた隙に、ガソリンを積んだトラックがパトカーの後を追ってゲート内に入り込むことに成功する。ここから、三つの偶然が連鎖的に起こるのです。

第九ゲートを突破して走っているうちにトラックの荷台に火が付き、二人が火だるまとなってしまう。炎上するトラックの火を消そうと空港管理棟ビルのシャッターを開けて警備の機動隊員が出てくる。そのシャッターの開いたところに、地下排水溝から出てきた一五人の実行部隊が突入した。だから、トラックが管理棟ビルの前で炎上しなかったら、あるいはシャッターが開かなかったら、管制塔占拠事件はなかった。さらに、階下で起きた騒ぎを取材しようと、管制塔にいた新聞記者たちがエレベーターで下りてきて、ちょうど扉が開いたときに、突入部隊がそのエレベータに乗り込んで上に昇っていったのです。

島　ある程度の想定はあったでしょうよ。決行の時間を一三時と決めていたというし、作戦会議を何度もやっていたんでしょ（笑）。

支援党派の実行部隊が管制塔を占拠するという事件が起きた
（1978年３月26日）

警官がデモ隊に発砲

石毛　前の晩に空港を囲むバリケードの外にあった入口から排水溝に潜り込むのですが、途中で警官に見つかり、一人が逮捕され六人が逃げている。機動隊が排水溝の中まで追いかけていれば、なんでもなかった。中にまだ部隊が残っているのを知りながら、本部に連絡しなかった。

伊藤　機動隊員も、地下溝の中で火炎瓶を投げられたら怖いですからね。

石毛　ベトナム戦争で一九六八年一月、北ベトナム解放戦線の決死隊二二人がアメリカ大使館を占拠するという事件がありましたが、それを意識して、同じ数の二二人が突入部隊として選ばれている。まさに決死隊だったんだね。

菱田小学校跡に集結した四〇〇〇人のうち三〇〇〇人の正規部隊が第八ゲートへ向けてデモ行進をし機動隊と衝突しますが、これは陽動作戦だったのです。ゲートに到着する前に管制塔はすでに占拠されていたのだから、空港に突入しなくてもよかった。でも、もう歯止めが利かなかったのでしょうね、熱気が上がりすぎて部隊が止まらなくなっていた。

裁判の中でわかったことですが、このとき警備本部は全員逃げ出して空っぽになっていたといいます。でも、このことはずっと伏せられていた。本来なら、指揮官の責任問題になるところですよね。また、警官がピストルを発射しています。ピストルの弾が足に当たって怪我をした者もいる。実行部隊の面々は管制塔に設置したパラボラアンテナのテラスで自分らの党派の旗をぶら下げ、第四インターは旗を所持していた者が排水溝に入れず、党派のマークをガラスに貼っている。反対同盟は老人から子どもまで、みんな大喜びでしたよ。

島　この管制塔闘争も、その前の岩山鉄塔撤去阻止闘争も、東峰十字路裁判のため青行隊は一歩うしろに引いていた。支援各党派は競って「開港絶対阻止」を全国的に呼びかけ、いまから思えば、最後のうねりとなって激しく燃え上がった実力闘争でした。ただ、この事件によって、「成田新法」（成田国際空港の安全確保に関する緊急措置法）が施行され、空港周辺、近隣集落は検問に次ぐ検問といった、まるで戒厳令のような状態となってしまい、息も詰まるような陰鬱な日常生活を強いられることになっていったのです。

伊藤　この事件でも一人、亡くなっていますね。

島　事件の二カ月後、トラックで突入した男が火傷で死亡したのですが、山形大学の学生で新山幸男といった。「早く治して、必ず現地に戻りますから」と言った最期の言葉が、オレは忘れられないのです。

石毛　新山君や、保釈されたあと拘禁性不安症となって自死した原君をはじめとして、支援者の犠牲は甚大なものだった。この開港阻止闘争では二〇〇人近い逮捕者が出ていますが、その多くが労働者で、ほとんどが解雇されている。首謀者とされた第四インターの和多田さん、戦旗の佐藤さんは逮捕者の供述によって逮捕された。それに、検察によるデッチ上げともいえる航空危険罪が適用され、管制塔突入部隊は一〇年から四年の重刑だったのです。家族も苦労し、長期の拘留で恋人やつれあいに去られた人も多くいると聞いています。

Ⅲ　早過ぎた話し合い――島・加藤覚書問題

開港と話し合いの気運

伊藤　長い空港反対闘争を通じて、私が最も感心するのは、島さんや石毛さんがこの闘争を、どこでピリオドを打つかをしっかり考えていたことです。その最初の試みが島・加藤覚書問題ですが、ちょうど空港が開港して飛行機が飛び始めた時期ですね。一九七九年七月一六日の読売新聞の朝刊に「『成田』一転話合い解決／闘争いったん休戦」と出ています。運輸省の側からも、進歩的文化人の側からも、仲介の労をとろうという人は出てこなかったのですか？　この会談のお膳立てをしたのはだれですか。

島　旧ブントグループの松本礼二さんです。党派としてはとくにない。なんだかんだ言って、運輸省の官僚や政治家たちはほんとうにいい加減でしたよ。だれも責任をとろうとしないし、うっかり三里塚について方向性を出そうものならあちこちから袋だたきにされるというので、いっさい触れようとしなかった。オレらは当事者能力ゼロと見ていたのです。ただ流れのままに、警察の警備に任せておけばいいというのが本音だったと思いますね。だから、逆にいえば官邸が出てくるしかなかったのでしょう。

最初、どんな関係があったのかわかりませんが、松本礼二さんが官邸との仲介役として右翼政治家の四元義隆氏に頼り、オレらも顔合わせとして東京・谷中の料亭で会ったことがあります。

石毛　運輸省のほうには、まだ第三次代執行が可能だという認識があったのでしょうね。警察関係者や空港公団関係者は「二期工事を残して開港すれば警備に限界がある、もう駄目だと思っていた」と言っていましたからね。一方、警備に当たる警察にしてみれば、飛んでいる飛行場を守りながら、過激派を押さえ込み、そのうえ第三次代執行をやるという、非常に困難な状況になったわけですから。

伊藤　青年行動隊自体は、島・柳川両氏が交渉役になることにオーケーしていたのでしょ。

島　やはり、柳川秀夫の決断が大きかったと思いますね。柳川は武闘派セクトに信頼がありましたからね。

石毛　柳川が話し合い路線に加わったから、第四インターや管制塔占拠をやったグループもホコをおさめようということになったのです。島さんが途中で経過報告をしましたが、オレは目から鱗が落ちるようだった。当時は実力闘争でやりあうしかないものと思い込んでいましたからね。こんな解決の仕方があるのか、闘争の終わり方というのがイメージできましたよ。反対同盟の幹部と支援者の幹部はほとんど納得していたのです。青行隊もその線でいいという話だった。でも、一般同盟員や下部の人たちはどうだったかというと、疑問は残ります。露見したあとの非難はものすごかった。支援者の中には「島の野郎、殺してやる」とか、ぶっそうな話をずいぶん聞きましたからね。

伊藤　こういうときは、勇ましい意見だけが突っ走って、だれもノーと言えなくなるのでしょうね。

石毛　そうですね。それに管制塔占拠の直後だったから、実力阻止闘争の熱気が冷めていなかった。まだ武力闘争で空港を潰せると多くの人が信じていましたからね。

覚書の内容が意味したもの

伊藤　島さんは、加藤紘一官房副長官と覚書を交わし、話し合いによる解決に持ち込もうとしたのですが、あの読売新聞の記事がなければ、もう少しちがった展開があったと思っていますか？

島　どうでしょうね。覚書の内容を実行に移すとなるとえらいことですからね。

最初は福田内閣の道正邦彦官房副長官と官邸で会った。大平内閣に代わって加藤紘一官房副長官との会議となるのですが、道正さんは「この会談は必ず引き継ぐから」と約束してくれていましたから、すんなり話が繋がったのです。加藤さんとは十数回ホテルで話し合った。こちらの主張はもう決まっていましたから、それを政治的にどう判断するかが中心でしたね。途中、瀬島隆三といった人たちが政府との仲介をしてやろうといって顔を出したりもしましたが、細かい技術的な問題でもあり、いつのまにかいなくなった。

さすがに松本礼二さんは政治に強く、柔軟性もありましたが、技術スタッフとして三里塚行政訴訟を担当していた松岡秀夫さん、土地収用法を研究していた針谷明さんに加わってもらっていたのですが、松岡さんは技術的に見て二期工事は絶対ダメだと主張して譲りませんでしたね。それで時間がかかったというわけではないのですが……。

農業政策についても提案したが、最終的に合意したのは、「これまでの政治責任を明確にすること」「第二期工事（平行滑走路）を凍結すること」「一切の強制力を発動しないこと」「岩山地域の騒音問題を早急に解決すること」「公開の討論会をもって話し合うこと」でしたね。項目のみで合意しようとしたのです。

覚書の文章は長崎浩さん（社会評論家）が書いたと思います。いま見ても、オレの字じゃない。確かに、具体的な工程表をつくるところまでいかなかったことが欠点といえばそのとおりですが、当時のオレらにそんな力量はなかった。そして、合意した内容を、林大幹運輸政務次官を通じて運輸省内で検討してもらうことになったのです。「二期工事は絶対譲れない」といった森山運輸大臣の発言なども飛び出しますが、どうにか調印に持ち込むことができた。大臣声明として発表する前日に、読売新聞にすっぱ抜かれて大混乱となったのです。反対同盟の中でどういう議論になったか、まったくわかりませんね。

伊藤　反対同盟は、覚書どころか話し合いがあったという事実すら否定して、うやむやにしてしまいますが……。

島　シンポのあとで宇沢弘文さんから「農民の大義がなかった」と言われましたが、高度成長の工業第一主義の時代で、減反政策も始まっており、農業つぶしに抵抗する日本農民を代表する闘争として三里塚闘争はありましたから、それら全国農民の心情に対する配慮が欠けていたという指摘だったと理解しています。それに、これから空港問題がどうなっていくのか、先行き不透明でしたし、加藤紘一さんのほうも運輸省や空港公団の今後の姿勢にかかわることなので、絶対外部に漏れないよう、密室の話し合いとならざるをえなかったのです。このことへの批判がいちばん強かった。良い悪いの判断は別にして、三里塚闘争に混乱をもたらしたのは事実ですから、オレは反対同盟の役職を降りたのです。

石毛　でも、支援党派の幹部は交渉してまとまればいいと考えていた。だって、第四インターも中核も、島さんの案について「いいよ」と明言していたのですから。オレらが中核派の団結小屋に行って北小路（敏）さんに会ったときも「それでいい」と、はっきり言った。あれが頓挫しなければ、もっと事態は大きく変わっていたと思いますね。

ベトナム戦争のパリ和平会談の例がありますから、話し合いという手もある。次に何か仕掛けることがあれば、これだな。オレは最後の手段はテーブルだなと思ったのです。覚書の内容はシンポの結論とほぼ同じですよね。

伊藤　早い時期に仕掛けて潰され、それ以降、島さんは表舞台に立てなくなってしまう。闘争にとっては大きな損失でしたね。それで、シンポジウムまで何年かかったのですか。

石毛　島・加藤覚書が七九年で、シンポの開始が九一年一一月ですからね。九一年の末にソ連邦が崩壊し、左翼勢力が急速に力を失う。それに、シンポが始まったのは管制塔占拠事件の被告たちが獄中から出てきたころで、オレ自身は武装闘争にある程度の決着がついたような気がしていたのです。

伊藤　加藤紘一さんは、ある意味でいい男でしたね、その後の政治姿勢を見ても。

島　そうですね。雑談の折りに一つ不思議な話を聞きましたよ。加藤さんは香港の特使をやったことがあり、「島さん、揚子江に毎日、大量の死体が浮いているのです、おかしいよね。中国でいま大変なことが起きていますよ」と、加藤さんは言ったのです。三里塚には日中関係の支援者も大勢いて、菅沢老人隊長ばかりでなく何人かの人たちが毛沢東バッジを着けていたり、周恩来に招待されて戸村さんを団長とする訪中団を出したこともありますからね。中国の文化大革命、「造反有理」の裏に何かあると、加藤さんから初めて知らされたことが印象的でしたね。

IV　闘い方の分岐

成田用水問題

伊藤　戸村一作連合反対同盟委員長が亡くなったあと、反対同盟は分裂します。その最大の原因は何だったのですか。

島　戸村委員長は七九年一一月二日、ガンで亡くなられた。当時、オレは「覚書問題」の渦中にいて非難が集中していましたから、直接会って話をする機会はなかった。「デモは出発したか」が最後の言葉だったと言われています。戸村さんは七〇歳でしたが、オレなんか馬齢を重ねるだけで、今年で七五歳になってしまいましたよ（笑）。

石毛　分裂の原因は、成田用水と一坪再共有化じゃないですかね。まず、成田用水を受け入れるかどうかで意見の対立が起こった。北原派へ行った人たちは成田用水に絶対反対でしたからね。青行隊は「用地内の人がいいと言えばいいんじゃないか」と、かなり柔軟路線だったのですが。

伊藤　成田用水問題は、反対同盟が自力で湿田の土地改良をやるのは無理があったのではないかと思いますが……。

青年行動隊は実験田で自主基盤整備に取り組んだ（1980年10月～）

石毛　青行隊は実験田で真剣に土地改良に取り組んだ。でも駄目だった。川底を下げることができなかった。

島　一度、田圃を借りて稲作をやったことがあるんですが、とんでもないところだった。湿田というのは地下から湧き水が常に湧いていますからね。ただ水温が低いというだけじゃなくて、機械を入れるどころか、うっかり足を入れただけでずぶずぶと胸元まで沈んでしまうのです。竹の割ったものや木の枝を田圃の中に敷いて田植えなど、農作業をやるのですが、膝元まで冷たい水に漬かっての作業は並大抵の苦労じゃない。でも、そこで獲れた米は旨かったなあ。いかにオレらが不味い米を買って食っているかということですよ。

伊藤　その土地を守るために闘争をしているのですから、成田用水について絶対反対というのは矛盾があったように思いますが……。

石毛　成田用水は空港の「見返り事業」でしたからね、絶対反対という理屈も成り立つのです。だから、天神峰は絶対反対となった。でも、木の根の小川源さんや直さんは「まあいいんじゃあねえの」ぐらいの認識だったように思いますがね。

島　菱田には田圃がありますが、天神峰は田圃を持っていませんからね。農業に対する意識のズレが出てきたのです。

伊藤　天神峰は畑の開墾だから、湿田の苦労は知らないわけですね。

石毛　それに、補助金の率が九〇何%と、とてつもなく大きかった。だから、このさいぜひとも土地改良をやりたいと考える人が出てきてもおかしくない状況もあったのです。天神峰が「絶対ダメ」と言ったから、青行隊も曖昧に反対のほうに方向転換してしまうのですが、そこから分裂が起こったと、オレは思っています。

青行隊が成田用水問題でいちばん嫌だと思ったのは、反対同盟員が用水推進派のところに抗議に行くのならわかりますが、そうじゃなくて反対同盟を飛び越えて、支援の中核派が抗議に行ったことです。あれは話し合い、説得というものじゃなく、単なるいじめだった。それで青行隊は頭にきて「怒り」という文章を発表し、反対同盟に対する越権行為だということで中核派と縁を切るのです。

島　たしかに抗議などという行動ではなく、明らかな吊し上げ、行為そのものがいじめだったからね。

伊藤　要するに、支援に来ている党派が主役になってしまったということですか。

石毛　そのうえ、集落の掟を破る野荒らしが起こったことです。成田用水に賛成している人たちの畑のスイカをめちゃくちゃに荒らしたり、田圃のクロ（畦）を切ったり、そういうことをやりだす党派が出てきて、それで青行隊と決定的に対立することになるのです。

伊藤　そういう行為に出るという、命令系統はどうなっていたのですか。

石毛　支援者の横暴を抑えるという、反対同盟としての歯止めがまったく利かなくなってしまった。三里塚闘争の象徴であり、精神的な支柱だった戸村さんが亡くなったことで統制を失い、そこから分裂が始まったと思っています。

島　結果的に、あんな横暴な奴らとは一緒に闘えないと、古村が闘争から退場していくことになりますからね。八三年に北原派と熱田派に分裂したのです。

一坪再共有化問題

石毛　分裂のもう一つの要因は、一坪共有地が空港公団によってどんどん切り崩されていくという問題が表面化するのです。最初は集落全体が空港反対でしたから、その人たちに共有地を一坪ずつ持ってもらっていたが、途中からどんどん解約して抜けていく人が出てきた。それで数が半分ぐらいに減ったことに危機感をもった石井新二が、もっと細分化しようと言い出し、それが再共有化運動となっていったのです。それにも天神峰が反対した。

島　細かく再共有化して、支援者が拡散してしまうと手に負えなくなり、闘争が終わったときに困るという理屈からでしたね。もともと一坪共有化運動は、空港公団が土地を買収しようとしても手続きを煩雑にして抵抗するという目的でやったものです。これは闘争初期に社会党や共産党の戦術として取り組んだのですが、彼らが闘争から離れていくとき、その権利を反対同盟に渡すのではなく、空港公団に売って出ていったという苦い経験もありましたからね。

石毛　共有化戦術の効果というのか、弊害がいまだに残っていますよ。横堀の合宿所の建物があるところは、ある人が提供していますが、これも再共有化して分散したから、いまだに解約できないでいる。権利は五〇分の一ぐらいしかないのですが、解約できない。

伊藤　法律上の縛りがありますからね。北原派と熱田派に分かれたのは、成田用水問題と再共有化問題で袂を分かったと考えていいのですか。

石毛　その二つが決定的だったと思いますよ。そのあと、七、八年経ってから北原派と分かれて小川派ができる。小川グループはもともと支援の中核派が嫌いだったから、農民本来の闘争をやろうということで北原派から分かれて行ったんだと思います。

伊藤　それは用地内農民同士のエゴイズムのようなものですか？

石毛　用地の外はただ騒いでいるだけというのが、もともとあの人らの立場でしたからね。空港予定地にある自分の用地さえしっかり守っていれば、空港は絶対潰せるという信念だった。

伊藤　空港は騒音問題などの深刻なものもあって、地域全般に支持されなければ成立しない問題ですよね。

石毛　小川派の理屈には、そういう視点がまったくないのです。だから、シンポをやっている最中でも、あれは用地を持たない、用地外の人たちが勝手に騒いでいるだけだと言いつづけてきましたからね。

伊藤　ただ、小川嘉吉さんは勤勉そのものの開拓農民で、本当の意味で篤農家だったのでしょ。

石毛　でもね、反対同盟の役職などは全部石橋政次さんに押し付けて、石橋さんが移転したあとは、もう唯我独尊でしたよ。援農ばかりでなく、石橋さん自身も支援に助けられていたという面もあって、石橋さんのところで支援党派を引き受けていたのですが、それが裏目に出たという感じがするね。小川兄弟は支援の使えるところは使って、なんの会話もないですからね。オレに言わせれば、初めから小川派だったんだと思いますよ。

島　そうだね、はっきり分かれていたね。小川さんのところは闘争を通じて協調性がまったくなかった。

石毛　石橋さん、石毛常吉さん、加藤兄弟と、天神峰は三つに分かれるのです。それで、中核派に完全に取り込まれてしまっていた。

伊藤　石橋さんはいくら人柄がよくても、支援者に趣味の釣りにいく車の運転までやらせるようなことをしちゃあいけませんよ。

石毛　いや、やらしたんじゃなくって、囲い込めという党派の方針で彼らが勝手にやったんです。

島　確かにやったんだね。畑の草取りから、収穫から、援農をすることによって囲い込んだのです。それどころか、党派の女の子を嫁に入れるとか、そういうことまでやっていますからね。

石毛　だから、シンポが終わったあと移転すると言い出したら、中核派が乗り込んでいき、離婚しろと迫った。

伊藤　まるで政略結婚ですね。要するに小川派は、自分の土地を守るという一点で、終始一貫していたわけですね。でも、小川嘉吉さんの親が死んだときに、税務署はひどいことをしましたね。

石毛　税務署のやり方は、反対同盟的には確かに憎いですけどね。

伊藤　締切日に行って、時間がなくて下書きを書いてくれたものにハンコを押したら、もうそれで目の玉が飛び出すほどの相続税を取られたといいますね。だから、闘争が始まったときから、優秀な弁護士を雇っておけばよかったのに。

島　六八年には、反対同盟の弁護士同士が分裂してしまっていたのです。後藤孝典弁護士は新左翼系というか、考え方は柔らかだったのですが、もういやになって水俣に行ってしまう。葉山弁護士は党派と相談しながらやりますから、反対同盟側の利益を採用しないわけです。

石毛　後藤弁護士は、のちに水俣に行って一株運動をやります。わずか一株を持って、水俣病を引き起こしたチッソの株主総会に乗り込み、その責任を問うという戦術を編み出した人です。

古村と開拓

伊藤　結果論になりますが、そういうことがなくても、やがては分裂するような感じだったのではないかと、私には思えます。これまで内に持っていた開拓と古村のエゴイズムというか、意識のズレが表面化してきたのではないでしょうか。たとえば小川プロのドキュメンタリー映画などを見ても、開拓と古村ではずいぶん考え方が違う。開拓はどんなに派手なドンパチをやっても、いざとなれば土地を売り払ってどこかへ行ってしまってもかまわないという気分があったのではないでしょうか。一方、古村は先祖代々の土地・田畑を守っていかなければならないから、臨機応変というか、老獪さがあったように思います。

石毛　そうですね。だから古村は差別意識が強い。菱田に中谷津、横堀という明治の開墾があるが、古村の人たちから「カイコンボウ」（開墾坊）と軽蔑されつづけてきたと言っています。そして、戦後開拓はそれよりもっと下なんです。この闘争の中で、徐々にそんな差別意識は解消されていったと思ったのですがね。空港を造らせないためには用地内の土地が要《かなめ》というか、必要だったので開拓は大事にされましたが、古村の年をとった人らには「あんな奴ら」という意識が最後まで根強く残っていましたね。

伊藤　古村が開拓を見下す。戦前のことですが、印旛沼を開拓する会社ができて、全国各地から入植者を募って開墾したのが栄町の酒直南部という集落ですが、ここの開墾者たちは周囲の古村からずいぶん差別を受けてきたといいます。私がこの地区の学校の校長のときに、南部地区の創設五〇周年の記念碑が建立されたのですが、話を聞くとずいぶん惨めな思いをさせられてきたようです。遠山地区でいえば駒井野などが古村で、天浪や木の根は戦後開拓ですね。

石毛　取香も古村で、大木よねさんは余所者《よそもの》だったから、まったく相手にされなかった。

島　大木よねさんの家が第二次代執行で強制取り壊しになったあと、反対同盟が家を建ててやり、生活の面倒をみようとしたのは事実ですが、なんだか冷たかったね。青行隊と支援の学生たちが「まだ働ける者を生活保護みたいに扱うのはおかしい」と言って畑作を手伝ったのです。そして、小泉英政が養子となって日常生活を助けた。

開拓集落（木の根）

古村集落（辺田）

伊藤　古村は山林地主が多い。だけど、山の木を伐らないと一円にもならないから、保守的で威張っていてケチなんです。遠山中学校時代のことですが、講堂を綿羊組合の総会などに貸すと、総会が終わったあと綿羊を潰してジンギスカンが始まる。「先生らも来い、一緒にやろう」と飲んで騒いで機嫌よく帰っていく。開拓は気儘でいいなと思ったものです。ところが山林組合に貸すと、大威張りでやってきて、電話を貸せと言ってタクシーを呼び、打ち上げはどこかの料亭でやっていたね。だから、教師たちは綿羊組合のファンだった。その綿羊組合に小川明治さんがいたのです。

V　国と対等の立場で——シンポジウム・円卓会議へ

「椎の木むら」

伊藤　成田新国際空港は順調に客足を伸ばし、平行滑走路を含む二期工事が焦点となってきます。国や運輸省も早急な対応を迫られていたのでしょう。一九九一年一一月に「成田空港問題シンポジウム」が開催されています。これを準備した石毛さんをはじめとする反対同盟熱田派の青年行動隊の活動についてお聞きしたい。最初に仕掛けたのは石井新二さんとありますが……。

石毛　大きな流れからいうと、芝山町で保守系町議と組んで町長選挙をやったことがある。これが最初のきっかけとなったのです。多選の町長が禅譲の約束をひるがえしたので、保守派の町会議員の数人がこれに反発し、次の選挙には協力しないと言い出す。そして、その中の一人が協力してくれないかと、オレと相川勝重のところへ電話をかけてきた。石井新二に相談すると、町民の中間派を集め、反対同盟と中枢ではない自民党員を入れた合同組織をつくって選挙をやろう、中間的な人を町長に選ぼうということになった。それで、新二が音頭をとって芝山町内のいろんな人に声をかけ、「芝山町を考える会」というのを立ち上げ、統一候補を出すことにして記者会見をやったのです。そうなると自民党の二人も逃げられなくなって、参加してきた。それで、中間的な候補者を探したが次々に断られ、にっちもさっちもいかなくなって相川勝重が出ることになった。これは初めから勝てない選挙だったね。

伊藤　石井新二さんはなかなかの策士ですね。そして「椎の木むら」というのは？

石毛　選挙の母体となった「芝山町を考える会」が中心となり、航空博物館の入口付近の土地が荒れたままではもったいないというので、そこを整地して野菜の直売所を作ろうと「椎の木むら」という団体を立ち上げる。その代表が村山元英先生で、そこから村山先生の名前が話し合い路線の表舞台に出てくるのです。

伊藤　村山先生はどんな方ですか？

石毛　村山先生は芝山町に移り住んできた人で、千葉大学の教授をしていました。

野菜の直売所をやろうという場所は空港公団の土地だから、公団の職員たちも加わってきて、自民党でも中枢じゃない人、ゴリゴリの反対同盟ではない人たちが寄り集まり、そこへ新二やオレや相川が加わって一つの合同組織みたいな「椎の木むら」ができあがる。この「椎の木むら」が江藤運輸大臣が横堀公民館に来たときの受け皿となった。新二と村山先生、それに町議の伊橋昭治さん、長谷川光政さんが「椎の木むら」の代表格でした。

そして、石井新二の発想というのか、村山元英先生が代表の「椎の木むら」が中心となって、国と空港反対派が一同に会する公開シンポジウムを開催しようと呼びかけるのです。

運輸大臣の三里塚訪問

伊藤　このままでは成田空港はどうしようもないというので、運輸省の良心派が積極的に動き出したのかと思っていましたが……。

島　たしかに、運輸省のほうも土地収用法の問題が大きくのしかかっていたでしょうね。高橋朋敬さんたちには、うっかりすると収用法が破綻するのではないかという危惧があったのではないでしょうか。

石毛　高橋朋敬さんは当時、新東京国際空港課の課長でしたね。反対同盟は「事業認定失効論」で運輸省と勝負しようと、公開質問状を持って行ったことがある。空港建設の事業認定がなされて二〇年となるが、法は二〇年経っても事業が完了しないことを想定しておらず、土地収用法はすでに失効したものと考える。法律の無益な解釈論より、農民の生活、存在価値が奪われていることに対する現実的な解決が必要である、という主張だった。

島　あれはいつだろうねえ。質問状を持って、バスを仕立てて運輸省に行ったとき、警備の機動隊員がバスの中に殴り込んで来たことがあったね。そのとき、髙橋朋敬さんの部下の人がバスの中に飛び込んで来て、機動隊員の首っ玉をつかまえて引きずり降ろしたんだよ。「私たちのお客様に対して、何てことをするのか」と言って、機動隊員を蹴飛ばした。それで運輸省に入れたことがあるね。髙橋朋敬さんだけじゃなく、そういうグループが何人かいたことは確かですね。

伊藤　その公開質問状に直接答えようというのか、江藤隆美運輸大臣が横堀公民館に来ています。いかにも田舎らしい逸話だと思いますが、つねづね百姓の子であることを売り物にしていた大臣は、必ず農民の前でパフォーマンスとしてお詫びの土下座をするだろう、先に土下座をされたのでは反対同盟のイメージが悪くなると相談していると、名乗り出た人がいたんですね。

石毛　みんなでそんなことを話し合っていたら、堀越昭平さんが「その役割はオレだ」と言い出した。それでみんな納得しちゃうし、本人もそのように自覚しているところがおかしい。あとから考えても、反対同盟の役職その他、堀越さんしかいなかったでしょうね。

ところが、大臣訪問の前日になって、熱田さんが出ないと言っていると電話がかかってきた。大臣は事前に代表の熱田さんへ直筆の手紙を届けていた。熱田さんはとても喜んで支援者の集会に持っていって見せ、会合には必ず出ると宣言していたのです。慌てて小川源さん、武さん、それに柳川、石井恒司など青行隊のメンバーが熱田さんの家に押しかけて直談判した。その原因が奥さんのてるさんなんですよね。大臣に会ったら離婚すると言われたらしい。みんなで説得したんだけど、てるさんがピタッと脇に寄り添って駄目だった。何時ころまでやったのかなあ、うんざりして引き揚げたあとで、源さんは用地内で利害関係があるから出ないほうがいいということになり、結局、島さんとオレ、石井武さん、堀越さんで対応することになったのです。

江藤隆美運輸大臣が横堀公民館を訪問し、反対同盟熱田派と会談した（1990年１月30日）

反対同盟熱田派の代表者たち（左端が石毛博道氏）

伊藤　ものの本によりますと、外のほうが騒がしくなって、だれかが何かをやったらしい。要するに堀越さんが土下座のパフォーマンスをしていたんでしょ。ちょうど新聞記者が集まっているところで。

石毛　公民館の前の道路で、大臣が乗った白いバンが到着してすぐにね。「オレら百姓をいじめないでください」と土下座した。大臣は「こちらがお詫びしようと思っていたのに、先を越された」とインタビューで答えています。

島　江藤さんは、オレも百姓の子だ、胸襟を開いて話し合えばわかるみたいな殊勝なことを言っていたが、なにか一つでも言質をとろうとするオレらの執拗な質問に、最後はイライラしてきたんだろうね、「こんなもの、外国だったら戦車をもっていってぶっ潰してしまいますよ」と言ったよね。

石毛　いやそうじゃなくて、ほんとうは、江藤さんは「外国ではそうだけど、日本ではそんなことはしません」と言ったのですよ（笑）。でも、その前に激しいやりとりがあって、「それじゃ、大臣に腹切ってもらうべや」と言い、台所に庖丁を取りにいこうとする者が出てきたり、大騒ぎになったのです。

この日、石井武さんが代表者となって、オレが司会をしたのですが、でもオレは、反対派が大臣と直接会えたという事実だけでも凄いことだと思っていましたよ。

シンポジウム対策委員会

加藤　反対同盟熱田派の中にシンポジウム対策委員会という組織ができていますね。これは福田克彦さんの本（『三里塚アンドソイル』）によりますと、「農民と支援者が表面的に対等となった組織ができた」とあります。シンポ対策委員会は、いつできたのか、どのような組織で、構成員はどうなっていたのですか。

島　あれは組織なのか。熱田派の中のチームといったほうがいいんじゃないかな。

石毛　はっきりした記憶はないが、熱田派の幹部会でシンポ参加を決める前に、対策委員会はもうできていたと思うよ。

加藤　一九八九年ですか。

石毛　江藤運輸大臣が来たあとか、どのへんの時期だろう。幹部会でシンポ参加を決める前、江藤大臣が来たときの役割分担はもうできていたからね。石井新二と相川は地連協に所属して折衝役ということで、青行隊の会議やシンポ対策会議には一切加わらないという取り決めが、もうできていたからね。

加藤　「農民と支援者が対等」というのが、よくわからないのですが。

石毛　ふつう、住民運動と支援する新左翼諸党派とでは、当該と支援にはっきり分かれるものなのです。反対同盟は当該、支援は一歩引くというか、発言力が弱いということが厳然としてある。でもオレらは、そうじゃない横断的な会にしようと決めたのです。

加藤　その理由は？

石毛　一緒にやるんだから、対等の立場で、ということですよ。

加藤　話し合いで解決しようということに賛同してくれ、同じ目的で行動してくれるから、という理解でよろしいですか。

石毛　賛同するとかじゃなくて、最初からイメージとして、最後の勝負はこのメンバーでやろうという暗黙の諒解だろうね。

島　一つのことを、これから一緒に考えていくわけだから、当該も支援も分け隔てはないわけで、おたがいがそれぞれに諒解していたんだと思いますよ。それに支援者といっても、三里塚に来た当初は新左翼だった人たちも、所属党派がなくなって、それでもここに住み着いて長い時間が経った連中ですからね。

石毛　この闘争もそろそろテーブルで解決するしかないという、そういうイメージというか、共通認識をもった連中ばかりだったからね。支援者では、福田克彦、大塚篤郎、工藤達巳、中野芳明、下野英俊、樋ケ守男、山口義人、相原亮司、佐山忠、平野靖識……。青行隊も全員賛成じゃなかったから、島さん、オレ、柳川、恒司、木内順、あと三ノ宮廣、龍崎春雄もいたね。

島　まあ、議論というか、話し合うことや、しゃべることが得意じゃない人間もいますからね。

石毛　文章を書くのが苦手な人もいるし……。

島　だんだんメンバーが増えてきたというか、何か組織としてあるわけじゃないから、出入りは自由でしたよ。
石毛　青行隊は少ないのかな、岩山はだれもいない。千代田は木内順の他にはいないね。三里塚は小泉英政も加わらなかった。
支援の大塚篤郎に専従の事務局になってもらい、東峰被告団の裁判費用から、当時、用意していた保釈金も必要がなくなったので、大半をシンポの運営資金として充当させてもらうことにしたのです。
伊藤　資金があったからこそできたことなんですね。
石毛　何をするにも、まず資金が必要だということは、辻本清美さんに教わった。シンポが始まる前にいろんな人に話を聞こうということで、そのころピースボートで活躍していた辻本さんを青行隊の団結小屋に呼んで、みんなで話を聞いた。そのとき、彼女が「何か行動を起こすときには、まずはお金です。予算化しなさい」と言った。それで、シンポの予算を決めよう、資金がないと闘えないというので東峰被告団から融通してもらおうということになったのです。
加藤　支援者というのは、現地に居住している方たちですか。
石毛　そうだね。全員、現地居住者ですよ。
伊藤　法的なことについては相原亮司さんが、文章のまとめについては福田克彦さんが力を貸してくれたわけですね。

石毛　そうです。事務全般は大塚で、大塚には給料を出して専従のかたちをとった。

伊藤　その過程で石毛さんがリーダーになっていくわけですか。

石毛　その前に、熱田派事務局長が公団総裁秋富さんに取り込まれていたことが露顕して辞任したとき、青行隊や事務局と相談して、事務局長は一年交代で名称は事務局長代行とし、青行隊がやろうということになった。最初にオレが代行をやることになった。一年経って、小泉英政が「そろそろ交代だな」と言ったとき、新二がすかさず「お前がやるか」と切り返した。すると、小泉はやる気がなくて返事がもたついた。そこで、新二が「石毛続投で決まりだ」と宣言したのです。新二としては、テーブル解決となったら今のままの体制でいこうと考えていたのだろうと思うね。新二は瞬発力が凄いんだよ。

伊藤　まるで言葉のチャンバラですね。畳みかけてきた言葉はすかさず切り返す。石毛さんや石井新二さんは子どものころから鍛えられているからできることなのでしょうね。

石毛　それで、代行のままだったのが、シンポが始まるときに、代行では恰好がつかないということになって、正式に事務局長となったのです。

世代交代

加藤　戸村さんや北原さんは支援党派の論理も採り入れて運動を進めていたという話がありましたが、島さんや石毛さんたちはテーブルを用意して話し合い解決で闘争を終わらせようとします。これは闘争を指導する世代の交代のように見えるのですが、青年行動隊はこのような世代交代をいつごろから意識していたのですか。

島　世代交代というより、青行隊のメンバーは、それぞれの地区・集落に根ざし、そこで育ってきていますからね。やっぱり、周りの人たちや、自分の血縁・地縁の考え方が身に沁みついているのです。だから、自分の思想・信条だけで突っ走ることはできない。生きていくための他の世界はないわけで、現状に密着しているというか、同化していますからね。

加藤　長年、闘ってきた反権力闘争から身を引き戻すのは大変だったと思うのですが。

島　たしかに、オレらは二〇年間反権力闘争をやりつづけてきたが、それは自分たちがやっている闘いの一部なんだよね。でもね、常東農民運動の山口武秀さんのように、最初から俺は反権力だと宣言する人もいるにはいるのですが、青行隊の感覚としては、やはりこの地に生きているという思いが強い。そうすると、言葉の上での思想というよりは、本当にこれから自分たちが生きていくためにはどうするのがいちばんいいのかと、本気で考えた結果がテーブル解決だったのだと思いますよ。新左翼は歴史的に見て、階級闘争をテーブルで解決できた歴史は一つもない。だけどここは、運動であって戦争ではないからね。

伊藤　自らそういう議論を重ねて、思想の深化があるレベルに達していることが、隅谷さんや宇沢さんをはじめとする進歩的文化人の心に響いたのでしょうね。

島　たしかに通じるところ、伝わるところはあったと思います。しかし、支援の幹部とか新左翼の思想を代弁しているような人たちは、どうしても反権力闘争とか階級闘争の観念的世界から抜け出せないのです。

伊藤　三里塚・芝山の青年たちが、結局は、共産党や社会党といった政党も頼りにならない、力を頼んだ過激派学生も時代や情況の変化に対応できない、そのため自分たちで創造的に運動を切り拓いていこうと激論を繰り返したのだと、私は思います。とくに、宇沢弘文さんはこの三里塚に来て、農村の青年たちはとてもクリエイティブだと一瞬にして虜になってしまったのでしょう。

石毛　ご本人は「失われた一〇年」と言っていたようですがね（笑）。

小川源さんの死

石毛　熱田派がシンポの参加を決める会議が大変だった。組織としてはやると決めていたのですが、代表の熱田さんが「敵と話し合うのはよくない。東大出身の官僚とやりあって勝てるわけがない」と反対していて、熱田さんの説得はほんとうに難儀でしたよ。

伊藤　内部を調整する議論もあったのですね。

石毛　新二とオレが、これでいけると自信をもったのは、長老の小川源さんからお墨付きをもらったからです。シンポの話が出たときに、二人で源さんのところに行って相談したら、「お前らに任せる」と言ってくれました。それが最高の後ろ盾だったのです。だから、だれが何と言っても突っ走っちゃおうと決めたのです。
オレら青行隊は、小川源さんには言い知れぬ恩義を感じていた。第二次代執行が終わったあと、大木よねさんの家を取り壊した報復だと言って、作業員らが寝泊まりしている飯場を焼き討ちにしたことがある。それに怒った作業員らが大挙して木の根に押しかけ、集落の家を燃やすと迫ったとき、源さんは自分でこっそり木の根の公民館に火を放ち、「オレらの公民館も燃やされた。これで相身互いだ」と作業員らと渡り合った。見境いのない若者たちの暴走を、身を挺して救ってくれたのです。

伊藤　信頼できる長老のお墨付きは大きいね。

石毛　だけどその後、源さんが食道ガンになって、シンポの前に入院してしまうのです。

島　シンポの途中で亡くなりましたね。

石毛　源さんの死が、新二とオレの最大の誤算だった。オレらはシンポで一つの結論を出し、最後は源さんに頼んで「これで終わりにしよう」と言ってもらおうと思っていたのです。そうしたら、いなくなっちゃったから、終わりにならなくなってしまった。
シンポの開催が決まってすぐのころ、成田のレストラン「長命泉」だったかで、顔合わせをやったことがあるね。

島　そうだったね。向うは高橋朋敬さんらの運輸省メンバー、空港会社もいたのかな。こちらは反対同盟の対策委員会のメンバーで、顔合わせというのか、会食会みたいなものをやったね。

石毛　酒は飲まないことにして、話をしながら料理だけ食べた。運輸省がお金を払おうとしたが、すべて割り勘にして、頃合いをみて大塚が立ち上がり、「じゃあ、みなさん、そろそろ撤収しましょう」と言ったんだよね。それで、みんな一斉に席を立った。「帰りましょう」ではなく、「撤収しましょう」と言ったので、オレらばかりでなく、みんな呆気にとられていたね。大塚には苦労もかけたけど、たいした役者だったね（笑）。

隅谷調査団のメンバー

伊藤　ところで、隅谷調査団のメンバー五人が決まった経緯ですが、反対同盟との交渉の中で決まっていったのですか？　宇沢弘文さんが入っていますね。

石毛　その前に、運輸省がシンポジウムに参加するにあたって隅谷三喜男先生に調査団をつくるように依頼したのです。地連協の顔ぶれは空港賛成派ばかりだったので、オレら熱田派としては乗りにくい、学識経験者として参加する隅谷調査団にシンポを運営してほしいと思っていたら、村山元英先生らとどのような話し合いがあったのか、なんの権限も持たない隅谷調査団がシンポを取り仕切ることになったのです。ただ地連協は、これまで国と反対農民との板挟みとなり、きつい代執行はやらされるやら、収用委員会の空中分解やら、さんざん苦汁を舐めされつづけてきた千葉県を粘り強く説得し、シンポ参加に踏み切らせてくれた最大の功労者だったのです。

メンバーとして、オレらが隅谷調査団に加わってほしいと直接依頼したのは宇沢弘文先生だけですね。基本的には運輸省側が選んできた人たちでした。高橋寿夫さん、山本雄二郎さんは運輸省が選んできたことは確かでしょう。

島　高橋さんは開港時の航空局長だった人です。山本雄二郎さんはサンケイ新聞の論説委員ですから、本来だったら反対同盟とは水と油の人でしょう。隅谷さんや高橋朋敬さんが推薦したのだと思います。

石毛　宇沢さんが水俣病に取り組んでいた原田正純さんはどうかと言ってきて、東京で一度お会いしましたが、「熊本からでは遠すぎる」と言って断られました。その後、河宮信郎さんがなかなか決まらなかった。河宮さんは、エントロピー学会にいい人がいると言う、物理学者の山口幸夫さんの紹介だったと思います。

伊藤　隅谷三喜男さんは「民主主義の壮大な実験場」であり、「平和的解決のために一肌脱いでほしいと、教え子に頼まれた」と自著の中で述べています。現地で熱田派のみなさんに会って心を打たれたのでしょうね。

島　隅谷調査団が木の根のペンションに来て、青行隊と話し合いをしたことがありますね。

伊藤　こうしてみると、素晴らしい人たちを集めたものですね。

石毛　河宮信郎さん、高橋朋敬さんは全共闘世代でしたね。

伊藤　なるほど、同時代的な共感もあったわけですね。

石毛　山口幸夫さんは「心情的に妥協するのは駄目だ」と言って、最後は柳川秀夫の「地球規模の実験村」のほうに行くのですが、山口さんが紹介した河宮さんは「妥協してでも終わりにしたほうがいい」という立場で、シンポのあとはまったく逆の方向に動いた。たしかに運輸省の選んだ人が多いのですが、御用学者といわれるような人は一人も入っていなかったですね。

伊藤　隅谷調査団としては、どうしても話し合いで解決したいという決意だったのでしょうね、こういう人たちじゃないと決着はつけられないと思いますよ。

石毛　それでも、隅谷調査団が出してくる文書は、すべて運輸省が書いていたのです。だから最初はずいぶんひどいものもありましたよ。

島　たしかにひどかったね。こちらが投げかけた問題の答えにはなっていなくて、運輸官僚の都合のいい法令解釈や、先輩官僚の政策を擁護するばかりでね。じゃあ、なぜここまで農民が反対するのかという視点がまったくないものが多かった。

石毛　事業認定失効論のところで、「運輸省・公団側は、事業認定の法的効果はなお有効であるとしているが、反対同盟の農民とその家族にとっては、長期間にわたってさまざまな生活上の不自由や精神的苦痛の下に生きざるを得ない状態がつづいた。このような事態は民主主義社会のあるべき姿に照らして決して好ましいものではない」と言い、「強制収用の効力が未だに有効だと主張するのは社会的正義の観点からみて問題がある」という文言は、最初はなかったのです。最初に出された文章を読んで、オレが隅谷さんに「こんな文書で三里塚闘争が解決すると思ったら大間違いだ」と言ったら、隅谷さんも怒りましてね、「僕だってやるときはやるからね」と電話口で喧嘩になったことがありますよ（笑）。そうしたら最後に、あの文書が出てきたのです。

あの日のシンポは、壇上でだらだらと運輸省の解釈論を聞いていると眠くなるし、うしろからこの発言はどこどこに問題があるといった事務局の大塚からメモが次々に渡されるわで、つい我慢できなくなって、隅谷調査団に向かって「いまの運輸省の見解をどう判断するのですか、隅谷調査団の見解を求める」と振ったのです。あのころが、いちばん苦しかったなあ。

伊藤　下手なやりとりをしたら収集がつかなくなりますからね。

文章づくり

伊藤　シンポジウムで反対同盟側が発表した文章はいい文章でした。文章づくりはどうしたのですか？

加藤　青年行動隊が集まって、みんなで話し合って作っていくのですか。

島　まず、みんなでわいわい議論していることを、福田がメモをとる。

石毛　そのメモを見ながらもう一度議論し、それを福田が文章化する。

波多野　だいたい午前中は、前の日に議論した個々の発言や、それに見合う資料を整理して、午後は大枠のメモとしてまとめていくのです。夜は集まってきたみんなにメモを見せ、もう一度みんなでたたいて、文章を完成させるというようなことを毎日やっていましたね。

石毛　文章のたたき台をつくったのは全部、福田ですね。

以前、石井新二が町長選に出たとき、広告代理店のコピーライターだった（波多野）ゆき枝さんの指導で文章の作り方を訓練してもらったことがある。「文章はできるだけ短くする」「明確なスローガンをきちんとつくる」といったことを教わって、集団作業を延々とやっていたことがあります。あのころは週一回選挙広報紙を出していたから、ある程度の要領は覚えていましたね。

伊藤　普通の農民が、官僚に負けない文章力をもち、対等の立場で、公開の場で堂々とやり合えたというのは、この国では稀有のことだと思いますよ。

石毛　シンポに臨むオレらの基本方針はしっかり決まっていましたからね。それは「島・加藤覚書」がなぜ破綻したのかを徹底的に検証したことです。そこで得た結論は、密室・非公開でことを進めたから破綻したのだということです。ですから、その反省に立って、すべてを公開にするという方針をつらぬいたのです。

伊藤　シンポジウム冒頭の「徳政をもって一新を発せ」の徳政令の話は、だれが持ち出してきたのですか？

石毛　あれは福田ですね。

波多野　導入部分は島さんの文章ですよね。徳政令については、ほら「徳政一揆」の話があるでしょ。当時、朝日新聞社から『日本の歴史』というシリーズが出ていて、民衆史の視点から歴史の見直しが行なわれていたのです。その中で出会った室町時代の「徳政令」を参考にしたのです。

伊藤　あれは、いいキャッチフレーズでしたね。パンチが効いています。

石毛　確かにスローガンとしてはよかった。何だろうと思わせるところがありましたね。

伊藤　それを、石毛さんが裂帛の気合いで読み上げたのでしょ。ショック療法としてはすごく効いたと思います。でも、ああでもない、こうでもないと議論してまとめていくのは大変だったでしょう。怒鳴り合いや口論などもあったのではないですか。

石毛　怒鳴り合いはよくしましたよ。あるとき、ある人の文章をバッサリ削った。凄く怒りましたが、それは旧左翼そのものの文章で、まったく使いものにならなかった。そこで、みんなで「これはないだろう」「あれも要らない」と削ったのですが、本人はえらく怒りましてね、次の会議に二、三回、出てこなかった。

ただ、オレらは農民にとってごく自然な要求を掲げて闘ってきたわけで、それが文章表現として、世間に通用するのかどうかということに、いちばん注意を払っていたね。

伊藤　でも、膝突き合わせて議論し、まとめていったのはたいしたものですよ。

波多野　あのころはみんなノッていましたからね。

石毛　締切りというか、シンポの開催日が決まっていたので、オレはしんがり戦をしっかり闘う、不退転の勝負どころだと思っていましたから、必死でしたね。

伊藤　その文章づくりの議論・討議は、お酒を飲みながらやったのですか？

石毛　いや、飲みながらはやらない。終わったら飲むんです、みんなで車座になって。

シンポ・円卓のあとで

伊藤　ところで、シンポジウムは「国の正式な謝罪」「第二期工事を白紙に戻し、強制収用のための裁決申請を取り下げる」「空港と地域が共生できるような、次の新しい話し合いの場をつくる」を柱としてまとまりましたが、第二滑走路の着工は当事者同士の話し合いとなってしまいます。第三項に円卓会議構想を入れなければ、シンポジウムはまとまらなかったのですか。

石毛　そうですね。しかし、結果的に二期工事は完成しますからね。第二滑走路問題が円卓会議に移行したため、オレらは逃げられなくなってしまった。

強制力を取り下げるかどうかを決めるときに、あとから聞いた話ですが、B滑走路ができるかどうかを、運輸省と空港公団は綿密にシミュレーションしていたといいます。それで、なんとかなりそうだということで決断しているのです。

伊藤　国にも知恵者がいたのですね。シンポジウムや円卓会議の流れを見ていると、国のほうが大胆に譲歩しています。よくあそこまで譲歩したと思うくらいです。

石毛　一二回やったシンポの中で、運輸省が「空港の位置を決める前に、地元のコンセンサスづ

成田空港問題シンポジウムの開催
（1991年11月21日～ 1993年５月24日）

成田空港問題円卓会議の開催
（1993年９月20日～ 1994年10月11日）

くりを十分にやらなかったのは私どもの努力不足であり、深く反省している」「空港づくりを急いだ結果、地域社会に混乱と深い傷を生じさせてしまった」と言い、空港公団側からは「地域のコンセンサスづくりについて二十数年前にもっとやるべきことがあった」と正式な謝罪があったのです。

そして、隅谷三喜男調査団長は「シンポジウムは空港建設のあるべき姿を指し示すだけでなく、日本の民主主義の進むべき道がいかにあるべきかという問いを、日本の社会に投げかけたと言ってよいのではないか。このような歴史的成果を得たことで、四半世紀に及ぶ農民を中心とする反対闘争の社会的意義が確認された」と三里塚闘争を評価してくれたのです。

島　たしかにオレらの予想を超える譲歩でしたね。でも、あそこで強制力を取り下げなかったら、こんなかたちで終わらなかったでしょうね。

石毛　でも、危ない賭けでしたよね、国にとっても。

伊藤　敵も大決断し、こっちも大決断したわけですね。

石毛　シンポの最後のところで、高橋寿夫さんを呼んで勉強会をやったことがある。そのとき高橋さんが「官僚は首の皮一枚残せば生き延びられるから、そういうふうにしなさい」と助言してくれた。どうしろと具体的なことは言いませんでしたがね。それで、反対同盟が「仮死の土地に地発《じおこ》しを」という文章を発表して、円卓会議という次のステージを用意したのです。

伊藤　その第二ステージに、なし崩し的にB滑走路への道を布石されてしまいましたが、手続きが正当だったからどうしようもない。まして、公開の場で約束したのだから、日本中が見ていましたからね。

石毛　ですから、オレらの主張・要求だけを言って、シンポだけで終わりにするわけにいかなくなったのです。

もともとシンポは青行隊の三分の一くらいは反対だったのです。だけど、円卓会議に移ってからみんな乗ってきた。それに、シンポをやっているときは支援党派との軋轢もなかった。目的がテーブルで二期工事を中止させるということでしたからね。円卓会議が終わり、オレらが「これで闘争をやめようか」と言ったときに亀裂が起こってくるのです。そして、オレらは裏切り者ということになった。そりゃあ、そうでしょう、彼らにしてみれば話し合いで第二滑走路を取る、中止させると言ったじゃないか、なんで取らないでやめるんだという話になる。約束違反だという柳川秀夫や石井恒司のほうが正しいのです。

伊藤　私は、柳川さんや石井恒司さんの言い分もわかるような気がしますが？

石毛　たしかに大きな流れとしては、彼らのほうが正しい。ただ、反対同盟の組織の納得の仕方としては、オレらが「これで終わりにしよう」と言ったときに、ほとんどの人は闘争をやめた。小川派も闘争収束を宣言し、木の根も移転に合意した。だから、反対闘争全体の流れとしては、オレらに賛同したのだと思っています。

それに、円卓会議が終わったあと、みんなが「そろそろ、これでいいんじゃないか」と思っているときに、みんなを集めて「これで終わりにしよう」といった儀式をやったわけじゃなかった。でも、このへんが潮時じゃないかというようなものが、みんなの共通認識としてあったと、オレは思っていますがね。

加藤　熱田派は闘争終了宣言を出していますよね。

石毛　いや、出していません。みんな、それぞれの判断で終息していったのです。

島　円卓会議のあと、熱田派の中枢は、自然消滅というか、いや違うな、意図的に動こうとしなかった。みんな、そのへんのことがわかっていたんだと思いますよ。

石毛　石井武さんから、「事務局長なんだから、きちんと会議を開いて、これこれこういうふうにして結着をつけたから、オレはもうやめたいと、はっきり言うべきだった、それが本当の筋だ」と言われました。だから、武さんらにしてみれば、オレは裏切り者だよね。あの野郎、会議も開かないでやめやがって、という。

島　人から言われるのは仕方ないとしても、石毛さんが自分のことを裏切り者ということはないと思うよ。残った人たちが、それぞれにやっていることが違いますからね。自分のことは自分で考えられるが、反対同盟的な闘争について終焉を明言したのは石毛さんが最初で最後だと思います。個人的な問題じゃなくて、そういうことができるのは石毛さんだけでしょうよ、他のだれもやれない。

伊藤　シンポジウム・円卓会議で総括したから、完結しているわけですね。

島　それが、闘争終了宣言だったのです。

伊藤　なし崩し的に切り崩され、尻切れトンボに消えてしまうのではなく、国と三里塚農民、どちらに社会的正義があるかの判断を隅谷調査団に託し、対等の立場でシンポジウム・円卓会議をやりぬき、強制収用はやらないという確約をとって終戦に持ち込んだ、これは日本の第二次世界大戦の終戦のあり方とは全然違うと思いますね。

石毛　それに、国の正式な謝罪もありましたし、反対する理由がなくなった。だから、いま残って闘っている人たちは、論理がなく、感情というか、気持ちだけでやっていると思っています。

伊藤　どうしても、敵の軍門に下るのは嫌だということでしょうね。

VI　支援者との共闘

新左翼諸党派

伊藤　三里塚の空港反対闘争は、現地の熾烈な実力闘争が長くつづいたというばかりでなく、全国的な多くの支援者に支えられた、戦後日本の農民闘争としては稀有な闘争でもあったと思います。闘争初期の段階で、過激派と一線を画せと主張した日本共産党が反対同盟から絶縁されていますが、全国の反権力闘争に対して日本共産党はみんな同じような態度だったのでしょうか？

石毛　非暴力を標榜していますからね。暴力に訴えるのはトロツキスト、敵を利するものだと、当時の民青は教わっている。だから、機動隊と対峙しても、直接ぶつかるようなことは一切なかったですね。

島　体質というのか、日和見というのか、彼らは徹底した組織温存主義ですからね。

伊藤　機動隊の横暴を公表して告発するなどの方法もあっただろうと思いますが、日共はそれもしなかったのですね。

それで、支援のかなりの部分が新左翼といわれています。中核派、社学同、社青同解放派、それから第四インターなどが、グループとしては大きかったのですか（本書第二部図5参照）。

石毛　どうなんでしょうね、長い闘争の中でいくつかの波がありますからね。あのときはこの党派の動員力が強かったとか。

伊藤　六〇年安保闘争を領導した全学連グループは？

島　ブントはいくつかの党派に分かれていましたね。

石毛　三里塚に来たころのブントは小さな党派だったね。でも、七〇年までとか区切らないと、実態はよくわからない。一九六九年ころまでは、支援者の中に赤軍派もいたし、京浜安保共闘の連中もいた。永田洋子や森恒夫は東峰や菱田で寝泊まりしていましたからね。

伊藤　連合赤軍派が山岳ベースに入ったころ、三里塚から米を運んでいたという話がありますが。

石毛　米を運んだという女の子はベースに着く前に検問にひっかかって、捕まるとまずいと思って引き返したから助かったといわれている。彼らは、山岳ベースのあと軽井沢の別荘に人質をとって立て籠もり、警官隊と銃撃戦をやって一網打尽となってしまう。その前には、赤軍派が大菩薩峠で軍事訓練をやっているところを、全員逮捕されている。

伊藤　最初は、武装して実力阻止闘争を闘う反対同盟に共鳴してというか、憧れをもって支援に来たのでしょうが、やがてもっと過激さを求めて変質していく党派も出てきたということですね。熱田派はどのあたりまで、どのグループを許容していたのですか？

三派系全学連と初めて共闘した空港公団成田分室襲撃事件
（1968年２月26日）

第１次強制測量阻止闘争に集結した支援の学生たち
（1970年２月19～20日、天浪）

石毛　反対同盟が分裂したときに、青行隊は中核派と縁を切った。もともと体質が合わなかったのです。彼らは徹底した組織温存主義で、農民とのつながりが強くなったメンバーは逮捕が予想される闘争には参加させなかったからね。だから、東峰十字路事件では中核派の部隊はまったく入っていない。第一次代執行あたりで分かれてくるのです。青行隊と親しい党派だけが外周ゲリラ戦に加わってきたのですから。

伊藤　青年行動隊と親密だった部隊はどこだったのですか？

石毛　あのころの主力は、プロ学同、日中、解放派、京大C戦線かな。とくに社青同解放派やプロ学同は全国的な動員力もありましたからね。

伊藤　それらの党派とも、最後は手を切るわけですか。

石毛　いや、切らなかった。消えていった党派もありますし、その後の党派の浮沈もあったからね。管制塔占拠のときには第四インターと戦旗とプロ青で、それら三つの党派が主力部隊でしたね。

伊藤　結局、北原派は中核派にしがみつかれたわけですか。

石毛　そうですね。反対同盟が分裂する前に、戦旗と解放派は二つに分裂していた。だから、その双方が熱田派と北原派に分かれるわけです。

伊藤　でも、そういう党派の支援者と付き合うなかでも、ある面では勉強になったんじゃないですか。

島　三里塚に泊まりがけで支援に来るのは学生が多かったですからね。青行隊とほぼ年齢が同じですし、感性というか話が合ったのです。学生たちにしてみれば「実力闘争」は武力革命に通じるというので、憧れみたいなものが強かったのでしょうね。

石毛　勉強になったというか、邪魔になったというのか、よくわかりませんよ。あの岩山鉄塔決戦の前後というのは、中核派と革マル派の内ゲバが激しくなって、襲い合いの連鎖になってしまったからね。鉄塔の下にバス車両が置いてあって、そこが泊まり込みの場所になっていたのですが、各党派がローテーションを組んで見張り番をしていた。でも、中核派だけは寝るときもヘルメットをつけていたからね、彼らの内ゲバはそれほど激しかったのです。

伊藤　革マル派の報復を恐れていたのですか？　どっちが手を出したというわけでなく、双方でやりあったのですか？

石毛　そうですね、それぞれの党派の都合でね。反対同盟が分裂したときも、第四インターが熱田派へ来て、中核は北原派に付いた。それで、第四インターが中核派に襲われるのです。死者こそ出ませんでしたが、アパートが襲われたりした。いちばんひどかったのは、夫婦者が襲われ、旦那がアイスピックで足をメッタ刺しされるのを目の当たりにして、奥さんは精神的に病んでしまった。そういうことが半年ぐらいつづきましたからね。

オレらは北原鉱治さんに「止めさせてくれ」と、何度も抗議したのですが、「あれは反対同盟とは関係ない。党派が勝手にやっていることだから、われわれは関知しない」と言って止めなかった。このことだけで北原さんは人間としてゼロです。
でも、第四インターが偉かったのは、一切やり返さなかった、三里塚闘争の意義を正統に理解して報復攻撃をしなかったことです。
伊藤　石井新二さんでしたか、シンポジウムに参加したことで中核派にやられたときのことを考えて、報復するためのヒットマンを雇うのに一億円を用意したというのは。
石毛　本人がそう喋っていますからね（笑）。
伊藤　やられたらやり返すか。物騒な話ですが、そう公言しておけば抑止力にはなりますね。

小川プロダクションの存在

伊藤　三里塚闘争は長い闘争であったにもかかわらず、常に広く全国的な支援を集めています。その背景というか、その間の事情をお聞きしたい。
島　六〇年代末から七〇年代初頭にかけては、高度経済成長の歪み、矛盾がはっきりしてきて、四日市、水俣、新潟イタイイタイ病などの反公害運動がありましたし、生活に根づいた住民運動が日本各地で起きています。それに、東大安田講堂攻防戦が象徴するように、全共闘運動といって、あちこちの大学で学生の反乱が起こっている。そういった時代情況もあったでしょうね。そして、それらの潮流が、戸村委員長のカリスマ性もあって、国の農業つぶしに真っ向から反対する三里塚農民の闘いに惹かれたという側面が、確かにあったと思います。

それに、小川紳介さんが率いる小川プロダクションの存在が大きかったと、オレは思っています。小川プロは最初、成田市の南端・長原の農家の空き家を借りていた。「日本解放戦線三里塚の夏」はそこで作られています。その後、辺田の「ツキヌキ」（瓜生家の屋号）の離れを借りて移り、以来、農民の闘いに密着したドキュメンタリー映画をシリーズで撮りつづけてくれました。それらの小川プロ作品を自主上映の会のメンバーが全国各地で広く上映してくれたおかげで、三里塚闘争が全国区になったと思います。

オレは小川プロが長原に来たときから、よく遊びにいき、年齢の近かった吉田（司）さんや福田（克彦）さんと話し込んでいた。「三里塚の冬」に駒井野の清宮のじいさんが猟銃を担いで里山を行くシーンがあるのです。そのころ、反対同盟は数カ月間作戦を練って、お金を九〇〇〇万円作り、「これで、あんたの土地を売ってくれ」と風呂敷に包んで清宮のじいさんのところへ持っていった。そうしたら、「いいよ」って、いったんは言ったんだ。ところが次の日、公団が一二〇〇万円持ってきたらしい。それで公団との交渉が成立し、こっちの作戦はおじゃんになったことがあります。反対同盟がこんなことをしたのは最初で最後ですよ。それが、小川プロ作品では、猟銃を担いでいくじいさんのうしろ姿でかっこうよく終わるんですよね。いつごろ撮影したものなのか、ドキュメンタリーといいながら、これではフィクションじゃないか、映像はこわいものだと思ったことがありますがね（笑）。

進歩的文化人の支援

伊藤　開港直後のころ、いわゆる闘争を支援していた進歩的文化人たちはどうしていたのですか。党派抗争によって反対同盟の内部が荒れるのを、ただ手をこまねいていただけですか？

石毛　というか、手の出しようがなかったんじゃないかな。ルポライターの鎌田慧さんのように「廃港要求宣言の会」の事務局長に収まった人もいましたが、進歩的文化人というのはおしなべて三里塚の実力闘争に魅せられ、どっぷりはまり込んでしまうのです。だから、ただ「空港絶対反対」としか言わなかった。

伊藤　第三者として、闘争解決の斡旋というか、仲介をしようというスタンスではなかったわけですね。そうすると、成田に支援に来て住み着いた文化人というのはそんなにいないのですか？

島　「瓢漫亭」のじいさんくらいかな。

石毛　前田俊彦さんね。戦後、自分の生まれた村で初めて共産党の村長になった人で、「瓢漫亭通信」を『朝日ジャーナル』に連載していましたから、けっこう左翼の中では有名な人でした。三里塚に来る前は、九州で上野英信、森崎和江、石牟礼道子さんとか、『九州文学』グループの一人だったのではないかなあ。

伊藤　相原亮司さんは闘争をしながら大学を出たり、二級建築士の資格をとっていますね。同期の仲間で偉くなった人がたくさんいるようですが、全然後悔していないというのは偉いですね。シンポジウムのときも「一つ、木の根に対する無制限の検問の現状を訴えること、二つ、事業の認定の失効を訴えること、三つ、三里塚闘争の歴史的意義を明らかにすること、この三つの条件を守るならば賛成する」と宣言していますね。

石毛　『三里塚闘争に関する覚書』は素晴らしい本です。相原さんに居てもらわないと「事業認定失効論」(「時間のバクダン」)が完成しなかった。いまは三里塚に引っ越して、近所に三ノ宮廣さん、龍崎春雄さん、天神峰にいた加藤清さん、木の根の小川さん二軒がいます。

島　看板を出して、行政書士の仕事をしていますね。

伊藤　大学在学中に三里塚へ来て、結婚し、いちばん真面目に取り組んでくれたのではないですか。どこかの党派に入っていたのですか?

石毛　フロントだったんじゃないかな。フロントが次々に崩れていく木の根で、最後に奥さんが残るのです。「覚書」にも書いてあるが、奥さんに「あんたはどうするの」と言われて、「じゃあ僕も残る」と言って一緒に残ったようです。あの夫婦は恋愛結婚じゃなかったと、双方が言っています。

三里塚で支援者と結婚した人、青行隊と支援の女性が結婚した者を、この間数えたら二〇組くらいいましたね。

島　えっ、二〇組もいるの?

石毛　相原さんは出山建設にアルバイトにいって、そこで大工仕事を覚え、二級建築士の免許をとっている。奥さんも富里の出荷場に勤めていた。反対同盟の法対部として熱田派に来てくれたから、相原さんが中心となって事業認定失効論をまとめてもらったのです。だから、シンポでも事業認定論はすべて相原さんの担当でした。彼はシンポが終わったとき、「今後、僕は出ない」と宣言して円卓会議には参加しなかった。

伊藤　裸一貫で三里塚に来て、土着したのは相原さんぐらいですか？

島　福田克彦もそれに近いね。小川プロダクションのスタッフとして、いったんは山形県の上の山に移ったのですが、小川プロを辞め三里塚に戻ってきて、ここで所帯をもったのですからね。住みついた人は、中野芳明、下野英俊、樋ケ守男など、たくさんいますよ。シンポ対策委員会に参加した支援者はみんなそうです。

伊藤　学者先生は大いに旗を振るが、あとはみんな研究室へ戻ったり、偉くなったりしているようですね。

石毛　学者先生といえば、熱心に支援してくれたのは、高木仁三郎さん、坂志岡の渡辺一衛さんや山口幸夫さんがいますね。

伊藤　何人か三里塚に住み着いて支援してくれた人がいるのですか。

石毛　いや、偉い先生方は土着はしない、通ってきます。渡辺一衛さんなど、いまだに通ってきていますよ。あと、島村良助さんのところへよく来ていた彌永健一さんがいますね。お父さんも有名な数学者です。音楽家では高橋悠治さん。左翼の音楽家というレッテルを貼られていますが、支援に来るようになったのは管制塔占拠事件のあとあたりかな。高橋さんは有名なピアニストですが、「水牛楽団」という楽団をつくっていて、集会のたびに演奏してくれましたよ。

島　加藤登紀子の旦那、藤本敏夫もよく来ていましたね。藤本は「大地の会」をつくっていて、農産物を独自で流通するようなルートをつくった創設者ですよ。そのころ、青行隊はみんな東峰十字路事件の裁判をやりながら、「農法の会」などをつくって百姓仕事に精を出していた。そこへ藤本が来て、小泉よねさんの家で堀越昭平さんとオレが呼ばれた。「大地の会」はそのころ、だいぶ有名になっていましたね。

伊藤　それで、藤本敏夫は有機農法に目覚めたのですか？

島　いや、向うは有機農法の農産物を販売するために来たのであって、こっちは有機農法の農産物を栽培していましたから、「大地の会」へも定期的にまわしてくれということでした。「ワンパック」は「農法の会」とは別々になりましたが、農法の会は「大地の会」とかなり長くつきあっていた。やがて、「大地の会」は会社組織となり、活動内容が変質してきて、もうボランティアではなく、きちんと利益を出さないといけないということで疎遠になってしまった。その後、藤本はガンが見つかり、そのころから千葉の鴨川に来ていて、成田空港からよく中国に渡航していた。ガンの薬の商売をしていると言っていましたが、よくわが家にも立ち寄ってくれましたよ。

農民と支援の関係

加藤　地域の問題で考えると、地域の人たちには農民としての暮らしや生産サイクルがあります。しかし、支援者の運動というのは、そうした地域の問題とは別のところからスタートしています。たとえば「実力闘争による社会変革」といった意識をもって三里塚に支援に来ている人も多くいます。ところが、生活を抱えながら運動とどう向き合うかという住民の意識と、支援者の三里塚に賭ける思いとの間にズレみたいなものが生じてくるのではないかと思います。とくに、島・加藤覚書問題とシンポジウムのときに、それが表面化しているように見えます。初期のころは幸福な一体感があったものが、あとは農民は農民闘争、百姓一揆ですが、支援のほうはそれを利用して自らの主義主張を通そうとするに決まっています。北原派などはそのいい例で、しがみつかれて動きがとれなくなってしまったように見えますが、いかがでしょうか。

島　支援者の中でも極端だったのは、常東農民運動の山口武秀さんでしたね。山口さんは、新左翼の人たちを軍事力というか、兵隊みたいなものとして捉えており、闘争の手下としてどう使えばいいか、どう配置し、何をやらせればいいかということを、つねに機能的に考える人でした。

でも、反対同盟のほうは、戸村さんも北原さんも、幹部の人たちもみんなそうですが、もうちょっと人間的な付き合いをしていたのです。支援者の気持ちや感情をよく理解し、本質的にはいろんな問題は出てきますが、たとえ新左翼党派の人であろうと集落同士のつきあいと同じくらいのつきあい方をしていた。たとえば、彼らが活動する地域に団結小屋を作ってやる、空き家を貸して寝泊まりができるようにしてあげる。そして、そこで生活しているうちに、動員や集会がないときは援農というか、学生たちが農作業の手伝いにいくわけです。そこで飯を食ったり、酒を飲んだりしているうちに心を通わせていったのです。だから、一概に「しがみつかれた」と言ってしまうと、長い闘争の一面しか見えなくなると思いますよ。

加藤　一九七四年の青年行動隊の資料に、戸村委員長の参議院選挙（全国区）出馬に対して、反対意見として「議会主義は駄目だ」みたいなビラがあります。そのあと、青行隊の数人が芝山町議選に出るわけですが、そのときの心境の変化というのはどういうものだったのですか。

島　それは、戸村選挙と芝山町議選は次元がちょっと違っていましたからね。町議選は芝山町で直接的な仕事としてできる。戸村選挙のときは、他にもいろいろ事情があったのです。

加藤　戸村さんに、ある団体から出馬要請があったと書かれていますが。

島　労働組合からの要請です。当時、動労千葉とか、九州の長崎造船とか、労働組合が応援するという話があったのです。

加藤　そのあとにできる「三里塚闘争と連帯する会」とは関係ないのですか。

石毛　大いに関係がある。戸村選挙で全国行脚というか、幹部連中がどんどん全国各地に出かけていって、そこで知り合いになった労働組合や市民団体が、今度は「連帯する会」の母体になっていくのです。だから、戸村選挙がなかったら「連帯する会」も「廃港要求宣言の会」もなかった。戸村選挙が大きなきっかけとなっているのです。たしかに青行隊は反対したが、あれはあれで、その後の運動を方向づけているのです。

伊藤　青年行動隊が戸村選挙に反対だったとは知りませんでしたね。

加藤　実力阻止闘争路線だったからですか？

石毛　議会政治に反対だったからというのか、当時はまだ徹底した武闘路線だったからね。

加藤　八〇年代になって、全国的な出馬といったスケールの大きい話ではなくて、町の地域社会を巻き込んでいくという流れになるのですか？

島　石井新二は、たしかにそういう発想だったね。戸村さんのときは、選挙の意味もあるにはあったが、そんなことをやっている暇はねえよという感じだった。それでなくても、青行隊は分担を決めて、すでに支援を求めて全国行脚をしていましたからね。

石毛　そうだね。東峰十字路裁判も始まることだし……。

加藤　当時の状況としては裁判優先ということですか？

石毛　オレと相川が町議選に出る七九年ころは、第三次強制代執行がすぐにでも始まるんじゃないかという情勢認識があった。それで、あらゆる手段を使って阻止しよう、町議になって町民に訴えるのも意義があるのじゃないかと思ったし、軍資金として議員歳費二五〇万の半分を反対同盟にカンパするという暗黙の諒解もあった。その町議選には石井英祐さんも一緒に出て三人当選したから、カンパの額は三〇〇万以上になったんじゃないかな。

加藤　軍資金が必要になったのは、東峰十字路裁判を闘うための費用ですか。

石毛　そういう事情もあった、ということです。

VII　三里塚闘争の教訓

突き抜けた明るさ

伊藤　先日、小川プロダクションの「日本解放戦線　三里塚の夏」のＤＶＤを見ましたが、制作されたのは一九六八年の夏ですね。映像を見ていると、緊張感が人間の本質を浮かび上がらせるのか、みんないい顔をしています。

石毛　そうですね。小川明治さんもいいし、萩原進もいい顔をしている。柳川秀夫はラストシーンで母親と一緒に出てきて、ネコ（一輪車）を押しながら満面の笑みですね。

伊藤　贔屓目《ひいきめ》かもしれないけれど、とくに島さんの顔がいい。新聞紙に包んだおむすびにかぶりつくところなどは必死さというか、ただならぬ緊迫感が伝わってきます。

島　いやあ、あのころは毎日ドラム缶が鳴って、ゆっくり食事などした記憶がないね。だからもう、おにぎりを見るだけで吐き気がしていましたよ（笑）。

伊藤　それに、かあちゃんらの底抜けの明るさが印象的です。なにか危機があって、それを突き抜けると急に明るくなる。大方は突き抜ける手前でぐちょぐちょになってしまいますが、空港反対闘争はあるところでその壁を突き破ったのでしょうね。

石毛　あのころの集落はまだ封建的だったからね。闘争をやることで村の因習から解放されたという側面もあったのでしょうね。

伊藤　映画の中で、息子のことを「漫画しか読んでいなかったのが、この闘争でいくらかマシになった」とパキパキしていた柳川のおっかあはまだご存命ですか？

石毛　もう亡くなりました。あの映画が制作されたのは闘争が始まってまだ三年目、そう思うと感慨深いね。

伊藤　戸村一作委員長、菅沢老人行動隊長などの幹部連中もまだ若いし、精悍な顔付きをしています。あの映画に石毛さんは出ていないの？

石毛　オレが青行隊に入ったのは二〇歳のときだから、あのころはまだ建築の訓練所にいたね。空港公団の職員も緊張で物凄い顔付きになっている。最初のころの公団職員や二期生ぐらいまではみんなあの映画に写っていますから、新人研修会などで見せると、あれはだれだ、これはだれだとわかって面白いらしいですよ。

伊藤　外郭測量のときのシーンで、機動隊に畑のスイカを割られて、懸命に食い下がり、怒りをぶつける農民がいましたね。

島　あれは天神峰でスイカを作り初めたころですね。芝山のスイカ農家が天神峰に作付けを教えたのです。当時、スイカは東京へ持っていくと、ずいぶん高値で売れた。オレの家も、早朝二時か三時ころに摘みとり、トラックの荷台にスイカが割れないように山型に積み上げ、夜が明けるころ築地の市場に着く。そこで降ろし、また積み上げるという仕事を、中学生の夏休みにはよく手伝わされたものですよ。

伊藤　初めて収穫するスイカを割られたんじゃあ、怒るのも無理ないね。それに、撮影中のカメラマンが逮捕されたといって、その逮捕理由を示せと機動隊の隊長に執拗に食い下がる人もいましたね。

石毛　彼は吉田司といって、小川プロの助監督だった。その後、水俣に行き、胎児性水俣病の若者たちを描いた『下下戦記』で大宅壮一ノンフィクション賞を受賞しています。現在もノンフィクション作家として活躍していますよ。

伊藤　映像に見るような、かあちゃんらの明るさというのは、貧しい社会に共通していますね。アフリカの厳しい暮らしの中でも、貧しい子どもたちの目がいちばんキラキラしている。このまえ、中国の奥地から出稼ぎに来た少女のドキュメンタリーをやっていましたが、近代化なんかしないほうが人類は幸福なんじゃないかと思いましたよ。

石毛　芝山の農村だって、あのころはずいぶん貧しかった。オレはいま、闘争が始まった一九六六年当時の母親の日記を読んでいるのですが、みんな貧しかったねえ。千円、二千円、ちょっと貸してくれとか、米一升、二升を貸してくれと言ってきていますからね。

伊藤　自給自足、物々交換のようなどん底生活の貧しさの中にこそ、明るさがある。これは不思議といえば不思議なものですね。

石毛　それに、当時は人のつきあいが濃密だった。田植機などの機械が入ってきて、集落は崩壊していったんでしょうね、みんなで共同作業をする結《ゆい》の必要がなくなってしまいますから……。

伊藤　戦後の食糧飢餓を脱して、やっといくらか食えるようになったと思ったら、シルクコンビナートを作るから畑を潰して桑を植えろと言う。さて桑が育ってやれやれと思ったら、今度は養蚕工場をやめて空港を造ると言う。三里塚は戦後農政の無策に翻弄されつづけてきたのですね。

石毛　そういう怨念があったから、本気で空港を追い出そう、きっと追い出せるって、みんな思っていたのですよ。みんな本気だったのです。

伊藤　小川明治さんなどは「破邪闘魂必成木之根居士」という戒名をつけ、骨になっても土地を守ろうとしたのですね。

島　戦争が終わって、ようやく民主主義でいい世の中になったと思ったら、騙し討ちみたいな、とんでもないやり方で空港がきた。兵隊にとられ、復員して開拓をやり、シルクコンビナートをやると言いながら、今度はでっかい空港ですからね。二度も、三度も、国に裏切られたという根深い不信感があったのです。だから、戦争に行った人らは本気で怒ったのですよ。

意志を貫く者たち

伊藤　最後まで闘ったというか、現在もまだ反対をつづけている人はだれとだれですか。

石毛　円卓会議が終わったあと、オレらは二年ぐらいで闘争から離れたけれど、まだやると残っていたのは柳川秀夫と、石井恒司と三ノ宮廣と龍崎春雄の四人だね。その後、熱田派は順番に抜けていって、龍崎さんと三ノ宮さんは移転してしまった。石井恒司はいつの間にかやめた。熱田さんも横堀に残っていたが、移転しちゃいますからね。結局、最後は柳川秀夫一人が残っているということになります。

伊藤　あの「廃村反対」の横断幕を通りに掲げた人は？

石毛　菱田の人で、北原派です。旦那が急死して農業ができなくなり、二〇一五年に騒音下から移転しました。北原派は少し残っていますよ。北原鉱治さん、萩原さん、用地内の市東さんの三人です。元からの農家は四軒かな。それと、元小川派の島村さんが反対運動をつづけています。

伊藤　五〇年経っても闘いつづけるのは、偉いといえば偉いですね。

石毛　たしかに偉い。話し合いで第二滑走路を断念させるということでシンポを始めたのですからね。オレらが方針転換したのです。

島　いま、突き詰めて考えてみれば、空港反対闘争は三里塚地域住民の全生活を賭けた住民運動だったんだと思います。世直しの運動ではなく、生活防衛のための闘争だったから、オレらは円卓会議が終わったあと、それぞれ自分のことは自分で考えようということになったのです。

伊藤　本人はやめてもいいと思っても、支援者と結婚した人などは、奥さんは人生を賭けて闘おうと思っていますからね、そうもいかないという事情もあるようですね。

石毛　それでなかなかやめられなかった人もいる。

波多野　負けてしまえばやめざるをえない、勝ったからやめられなくなったと言う人もいます。

石毛　そうだな、勝っちゃったからね。オレらが心変わりしなかったら、B滑走路はできなかったかもしれませんからね。シンポ・円卓という流れの中で、だんだんB滑走路ができてくる。その滑走路の先端に堀越昭平さんが一坪持っていた。その娘婿が木内順で、夫婦二人して堀越さんを説得してしまった。それで、あの滑走路はできたのですからね。堀越さんが頑張っていたらB滑走路はできなかったかもしれない。それを、オレらの仲間が説得してしまったのです。

伊藤　堀越さんは現在、どうしていらっしゃいますか?

石毛　親同盟では、もう数少ない生き残りですね。矍鑠《かくしゃく》としてお元気ですよ。とうに八〇歳は越えています。東峰に開拓に入ったのは二〇歳ぐらいだったのかな。オレらはただ闘争をやめただけじゃなく、滑走路造りに協力しちゃった。

伊藤　だから「裏切り者」と言われる、むずかしい問題ですね。

石毛　国が強制力を取り下げた時点で、農民の勝ちだった。石井新二がシンポのあと、こう言ったんだ。「力で始まったら最後まで力でやんなきゃだめだ。それを、途中で話し合いなんかでやったから農民が勝っちゃったんだよ。力で始めたら力だ」ってね。

残された課題

石毛　闘争が始まった当時の母親の日記には、母ちゃんらが、夜、集まってローマ字の練習をしている。なぜかというと、子どもが中学校に入学してA組、B組と組分けされるでしょ、それが母親たちは読めなかったんだね。子どもから「A組になった」と言われても、なんのことか、どんな字を書くかわからない。だから、母ちゃんらが公民館に集まって、ローマ字の練習を始めたと書いている。これって、面白いね。

伊藤　いい話ですね。

石毛　空港問題が起きるのは、こんなときだった。飛行機など乗ったこともないものが来るのだから、当時、お年寄りが言っていた有名な話に「あの飛行機というのは凄くて、一反歩もあるようなものが降りてくんだぞ。そんなもの降りてきたら、どうすんだ」というのがあります。飛行機を一反歩と表現するところがおかしいが、文明ってそんなものですかね。

伊藤　お役人のほうだって、開拓農民なんてそんなものだ、買い上げ額をちょっと上げてやれば何とかなると傲慢に考えていたのですよ。

島　実際に、一九六六年の閣議決定から一年半ぐらいで九〇パーセントほどが条件派となって、移転に応じている。そして、空港公団は七一年の代執行で九三パーセントの農地を取得してしまうのです。でも、その残り数パーセントの農民たちが、今日に至るまでしぶとく闘ったということでしょうね。

伊藤　いまだって沖縄の辺野古問題があるでしょ。土地の強制収用といい、その構図は三里塚とまったく同じですね、なんら変わっていない。だから、国と対等の立場で話し合い、どこかで折り合いをつけるしかない。そういった手続きをどこかで勉強していかないと、異議申立てをするほうも不幸になるだけです。

石毛　日本はどこかで折り合って終わりにするという発想がない。まだ、ちゃんとした民主主義みたいなものが定着していないのです。ドイツに行ってミュンヘン空港などの紛争解決の事例を聞いてみると、いくら過激な反対運動をやっても、最後は双方がテーブルについて折衷案を探り合うという方法がとられている。「対立を経て止揚に至る」という考え方や仕組みが社会にゆきわたっています。

伊藤　要するに、この国の官僚は、原発問題でも、オスプレイの問題でも、最後はいくらか補償金を上積みして押し切ろうと思っている。情けない国ですね、日本は。国民が不幸になるだけです。

聞き取りは「成田空港 空と大地の歴史館」で行なわれた

（本書に掲載した写真は、すべて成田空港 空と大地の歴史館、アテネフランセ文化センター、
波多野ゆき枝氏から提供されたものである）

島　寛征（しま　ひろゆき）
一九四二年生まれ
中央大学法学部卒・農業
元三里塚芝山連合空港反対同盟事務局次長
現在　北総農業センター理事

石毛　博道（いしげ　ひろみち）
一九四九年生まれ
千葉県立多古高等学校卒（建築士養成所に入る）
元反対同盟熱田派事務局長
現在　大工業

伊藤　睦（いとう　むつみ）
一九三三年生まれ
東京教育大学卒・教員
元成田市立成田中学校校長
現在　社会福祉法人成田国際こども園理事長

加藤　泰輔（かとう　たいすけ）
一九八九年生まれ
一橋大学大学院社会学研究科修士課程修了
現在　会社勤務

青年行動隊員たちは、一九六六年に始まる長い三里塚闘争の中で、いろんなことを学び、たがいに激しい討論を繰り返す中で自他の意見を調整することができるようになった。彼らはついに創造的な進歩を遂げたのである。

この間、法制面では相原亮司さんが、文章表現では福田克彦さんが、力強い助言者となってくれた。そして、知的リーダーシップを発揮した島寛征さんと、信頼と人望があった石毛博道さんが、国との交渉、シンポジウム・円卓会議の中心となっていったのである。

運輸省（当時）の中にも、高橋朋敬氏を中心とした平和的解決を望むメンバーがいた。隅谷三喜男さんを代表とする隅谷調査団のメンバーも、高橋らの推した学識経験者と、青年たちが要請した宇沢弘文氏らの良心的学者たちであり、青年たちの熱意と見識の高さに感動したことが大きな力となったのである。とくに山本雄二郎氏は、石毛さんをはじめとする青年たちに惚れ込み、終生、三里塚問題の解決に助力したと聞く。

聞き取りの場所を用意し、聞き取り速記を記録として残せるよう丁寧にリライトしていただいた大里富枝さん（元成田市職員）、聞き取りにも参加していただき、三里塚闘争に関する写真の収集に尽力していただいた波多野ゆき枝さん（故福田克彦元夫人）、さらに平原社編集長渡辺勉氏の追加取材と原稿整理の援助がなければ、この本はとうてい上梓することはできなかった。あらためて三氏に感謝の意を捧げたい。

世の中には、三里塚闘争がどのようなかたちで解決したのか、よく知らない人たちもいる。なかには反対同盟の敗北に終わったと思っている方もいるようだ。ここに、当時の青年たちの青春を賭けた大事業としての三里塚闘争と、その終結の物語を歴史の証言として残すこととする。

二〇一七年四月二〇日

伊藤　睦

第二部

三里塚闘争史論

支援勢力と運動主体としての「住民」像

加藤泰輔

本稿は、一橋大学大学院社会学研究科修士課程の修士論文（ＳＭ一一一〇一二）として、
二〇一三年一月に提出した論文の再録である。

はじめに

1　研究対象

拠点開発方式を指針とした「全国開発総合計画」（一九六二年閣議決定）、交通・通信ネットワークの先行的な整備を目標とした「新全国総合開発計画」（一九六九年閣議決定）の影響を受け、一九六〇年代から七〇年代にかけては、経済成長に伴う激しい地域変動に起因した反公害運動・地域住民運動が全国で多発した（『朝日新聞』一九七三年五月二一日。本記事によれば、このとき全国で三〇〇〇を超す住民運動が起こっていた）。本稿は新東京国際空港（成田空港）の建設・開港に対する千葉県成田市三里塚の地元農民（組織は三里塚芝山連合空港反対同盟。以下、反対同盟、または同盟と略す）を中心とした反対運動である三里塚闘争を扱い、政府・新東京国際空港公団（以下、空港公団、または公団と略す）の動きに対する運動の展開に加え、運動の進退に影響を与えた支援者を含めた主体意識の変遷を描く。

2　先行研究の整理

⑴　住民運動に関する研究

一九六〇年代末、生存権の国民的定着という条件も得て拡大した住民運動の性格については、松原治郎・似田貝香門（一九七六年）[1]、高畠通敏（一九七九年）[2]、神島二郎（一九八五年）[3]などの研究があり、生活環境の擁護を訴え基本的人権の保護を運動の正当性とする点、政治における保守・革新という価値軸では捉えられない運動主体、住民の自由参加による組織原理などが指摘されてきた。また、オイルショックと革新自治体の退潮を受け、一九七三年以降勢いを失った住民運動の課題について言及したものとして宮本憲一（一九七六年）[4]、長尾演雄（一九七七年）[5]、中田実（一九八〇年）[6]、三宅明正・庄司俊作（一九八五年）[7]があり、地域の個別的問題にこだわる住民運動の性質を克服し、町づくりや環境保護といった総合的な要求を設定することや、開発に対し地域の生産活動をも視野に入れた代替案を運動側が提示する必要性が論じられた。

近年の研究では住民運動が提出した「公共性」批判[8]に着目し、政府の掲げる「公共性」に対抗する地域社会の「共同性」や、運動主体と支援者の「親密圏」といった議論・理論形成が活発に行なわれている[9]。また、長谷川公一（一九九三年）[10]、道場親信（二〇〇六年）[11]は、六〇年代から七〇年代の「市民運動」と「住民運動」の定義およびその差異も視野に入れた議論を展開している。地域の個別的課題に取り組む住民運動の資源的基礎の脆弱性として、全国組織がある場合でも小さくて力が弱い、全国的な連合ができにくいといった課題を挙げる長谷川に対し、道場は普遍的な価値（平和や人権擁護等）へのコミットメントで組織される市民運動の下位に住民運動を位置づける論調を批判し、住民運動の抱えた地域限定性、その「地域エゴ」の積み重ねによってのみ、地域を超えたレベルの「公共性」を構想しうると展望を示している。

(2) 三里塚闘争に関する研究

三里塚闘争に最初に取り組んだ研究として、D・E・アプター・澤良世（一九八六年）[12]がある。三里塚闘争の構造と民主主義社会における実力闘争の発生要因を分析することに主題が置かれた本書は、反対派の地域社会、反対派農民のライフヒストリー、反対同盟の組織構造、新左翼セクトなどに分けて記述されている。調査期間の制約などから三里塚闘争の全体を貫く論理についてはまとめられていないが、政府の工業重視・農業軽視の姿勢と、空港の位置決定および建設過程で無視されつづけた民主的手続きの是正が、闘争の根底にあることを示唆した。一方で、三里塚闘争の特質を開拓農家と古村の農家、それに支援者を含める「主体の複合性」に求める研究として白川真澄（一九九八年）[13]がある。主体の複合性は、反対同盟が運動の過程で青年行動隊や婦人行動隊など、部落共同体とは異なる集団をつくりだした点や、新左翼との共闘関係により反権力闘争という側面をもたせた点において、三里塚闘争の独自性をかたちづくった一要因であると白川は指摘する。多くの主体が複合した結果、三里塚闘争は反権力闘争（実力闘争）と対抗社会創造（有機農業の実践）という二つの側面をもつに至った点に留意すべきだと論じた。

断片的にしか明らかにされてこなかった三里塚闘争だが、福田克彦（二〇〇一年）[14]によって運動の過程と論理がより具体的に叙述・考察された。本書の特徴は、反対同盟の青年行動隊に寄り添い、彼らが運動主体として確立するまでの葛藤およびその意識を深く描いたことと、空港敷地内と騒音地域にあたる敷地外、すなわち戦後に開拓農民として入植した人びとと江戸時代からつづく古村の人びとの意識の差異に着目して運動の変遷を説明した点にある。空港敷地内（成田市三里塚）と敷地外（山武郡芝山町）が連合するかたちで結成した反対同盟が、基本的人権や私有財産制の保障を主張する〈開拓的思考〉と、農業を根幹に置き村の共同性を守ろうとした〈古村的思考〉を孕みながら構成されていたこと、さらに空港開港後は、敷地内農家が運動における〈主人公意識〉を肥大化させていき、敷地外農家へ主従関係を強いるようになり反対同盟の分裂に至ったことなども論じられた。

以上の研究成果により現在は、古村・開拓における〈思考形態の差〉を視軸に置きながら、空港建設のさいに無視された住民の承認を受ける手続きの回復と農民・農業蔑視に対する怒りという二つの運動の論理が読み解けるようになった。近年では、道場親信（二〇〇二年）[15]が三里塚闘争に対するアプローチとして、運動に関わりをもった人びとの経験の具体化、支援の意義の考察を挙げ、歴史学では荒川章二（二〇〇九年）[16]が議会制民主主義と戦後農政への問いという論点で記述している。また、一九九一年から始まる反対同盟と国（運輸省・空港公団）による初の公開討論会となった成田空港問題シンポジウムの経緯、詳細については宇沢弘文（一九九二年）[17]、隅谷三喜男（一九九六年）[18]などによって明らかになっており、地域社会のあり方について住民を含めて議論したシンポジウムは「民主主義の深化と前進」として評価されている[19]。

(3) 先行研究と本修士論文の位置づけ

以上の研究のなかでも高畠論文は、革新政党と労働組合を頂点に置いた「革新国民運動」の形成・衰退から「無党派市民」の個人原理に支えられた市民運動の登場、革新政党を支援勢力に位置づけ直接行動など独自の運動を展開した住民運動の展開に至るまで、「革新国民運動」を相対化しつつ、戦後の社会運動史を整理した優れた研究であるといえる。

一つの社会運動史を叙述する本稿も、革新政党・市民運動といった外部団体との関係構築に着目しながら運動の展開を描き、運動における「指導」「支援」の意義を考察する。また、普遍的な価値志向に基づき行動する「市民」に対し、利害当事者として個別の問題に取り組む「住民」の課題をめぐる研究が展開されたが、本稿は両者どちらかの優位性を論ずるのではなく、市民運動を含め他の社会運動との接触をとおして築かれた主体としての「住民」像を明らかにすることをめざす。

これは白川の提出した住民‐支援者間における主体の複合性という議論や、武藤一羊（一九九八年）[20]、道場（二〇〇九年）[21]が指摘する住民運動と支援者が織り成した「地域住民闘争の社会的空間」を具体的に検討する視点としても有効であろう。武藤は闘う主体と支援者の関係をこの空間の特徴とし、直接的な利害をもたない支援者の関わりは運動の争点の普遍化・拡大作用を伴うと言及したが、この空間の実態と向き合う場合は、支援者と住民の間で行なわれた運動の実践、掲げられた運動理念まで遡って論じられるべきであると筆者は考える。

右に加えて「公共性」をめぐる議論については、重要な政治思想の視座であることを本稿も引き継ぎながら、マジョリティーに支配される「公共性」に対し、支援勢力を含め運動がどのような経験を経て、最終的に何を訴えたのか、およびどこに課題があったのかという点を中心に叙述する。

なお、三里塚闘争は「日本史上有数の政治闘争[22]」、「一九六六年に始まりいまだ最終決戦をみない、戦後最長に属する社会運動[23]」と称されながらも、十分に検討されることが少なかった。加えてその広汎な支援者については高沢皓司・高木正幸・蔵田計成（一九八一年）[24]、小熊英二（二〇〇九年）[25]など新左翼運動（そのほとんどが三里塚に常駐していた）からの視点を分析したものであり、他団体による支援は着目されてこなかった。本稿は、外部からの支援者を含めた環境下で構築された三里塚闘争における「住民」像の把握と運動展開の変遷をとおして、戦後日本における社会運動が獲得したもの／しなかったものを最後に追求する。

3　使用資料と本稿の章立て

住民運動の先行研究が政治学や社会学による分析が多いなか、歴史学として一つの運動史を対象とする本稿は、当時発行された一次史料を用いて実証的な立場をとる。本稿を執筆するにあたり、反対同盟や青年行動隊に関する史料については成田空港　空と大地の歴史館と千葉県立図書館に所蔵されているビラ・機関紙を主に使用した。支援団体については住民運動・市民運動に関するミニコミなどを保管している立教大学共生社会研究センターで収集した。また、運動主体の意識や事実関係について一次史料が入手できなかった箇所については、運動の当事者が執筆した三里塚闘争の文献を参照した。なお、著者名は当事者と異なるが、のら社同人編（二〇〇五年）[26]、朝日新聞成田支局（一九九八年）[27]は、その内容から運動当事者の三里塚闘争に対する意識が描かれた文献として読むことができる。

本稿は第一章において、航空行政・空港建設過程と反対運動の発生、反対運動を担った組織などの事実関係を記述する。また、反対運動の主体としては、一九九一年以降反対同盟と国（運輸省・

空港公団）による初の公開討論会となった成田空港問題シンポジウム・円卓会議を担った三里塚芝山連合空港反対同盟熱田派の青年行動隊を対象とし、彼らが運動の主体として確立する過程を描く。支援勢力との関係は、共産党の離脱と新左翼運動の参入を扱う。

一九七〇年代を時期対象とする第二章は、ジェット燃料輸送パイプライン建設の遅延と青年行動隊の大量逮捕により、政府・反対同盟ともに動きが停滞した時期を扱う。この章の主な研究対象は、一九七四年に反対同盟委員長の戸村一作が参議院選挙全国区に出馬したことでその支援組織として全国に結成された「三里塚闘争に連帯する会」、三里塚の有機農業でつくった野菜を購入する消費者グループといった支援団体となる。

第三章は一九七八年の開港から一九九〇年代における運動の終結までを扱う。新左翼運動との乖離、反対同盟の分裂を経て、運動の収束に向けて住民が動き出す過程を描く。

先行研究によって明らかとされた、民主的手続きの回復と農民・農業蔑視に対する怒りという二つの運動の論理を、それぞれシンポジウムの開催と環境問題に取り組む「地球的課題の実験村」に本稿は位置づける。

（1）松原治郎・似田貝香門編著『住民運動の論理――運動の展開過程・課題と展望』（学陽書房、一九七六年）。
（2）高畠通敏「大衆運動の多様化と変質」（日本政治学会編『五五年体制の形成と崩壊』岩波書店、一九七九年）。
（3）神島二郎編『現代日本の構造選書⑵　現代日本の政治構造』（法律文化社、一九八五年）。

（4） 宮本憲一「転換期の住民運動」（自治体問題研究所編『地域と自治体第3集――転換期の住民運動』自治体研究社、一九七六年）。

（5） 長尾演雄「転機の住民運動――生活・意識・組織と運動の形態」（横浜市立大学経済研究所『経済と貿易』第一二一号、一九七七年三月）。

（6） 中田実「地域問題と地域住民組織――地域共同管理主体形成論序説」（地域社会学会編『地域別問題と地域政策』時潮社、一九八〇年）。

（7） 三宅明正・庄司俊作「現代社会運動の諸局面」（歴史学研究会・日本史研究会編『講座日本歴史12現代2』東京大学出版会、一九八五年）。

（8） 宮崎省吾『いま、「公共性」を撃つ――ドキュメント・横浜新貨物線反対運動』（新泉社、一九七五年）一三八～一三九頁。また、川井健「民事紛争と『公共性』について――大阪国際空港公害訴訟事件控訴審判決」（判例時報社『判例時報』第七九七号、一九七六年一月二六日）は、「公共の福祉」の名目で自己を正当化し、他者に犠牲を強いる空港の「公共性」の実体を争点とした大阪国際空港公害訴訟について、その第二審判決（一九七五年一一月二七日）が騒音による周辺住民の被害を認め、空港の設置管理者としての国に対し夜間飛行の差し止めと慰謝料の支払いを命じたことを画期的な判例であったと評価している。

（9） 政治思想研究では齋藤純一『公共性』（岩波書店、二〇〇一年）、地域社会学研究では地域社会学会編『地域社会学会年報』の第一四集・第一五集（ハーベスト社、二〇〇二年、二〇〇三年）が挙げられる。なお共同性と公共性の関連を理論化した論文には田中重好「地域社会における公共性――公共性と共同性の交点を求めて(2)」（地域社会学会編『地域社会学会年報15「公共性」の転換と地域社会』ハーベスト社、二〇〇三年）がある。

（10） 長谷川公一「環境問題と社会運動」（飯島伸子編『環境社会学』有斐閣、一九九三年）。

（11） 道場親信「一九六〇～七〇年代『市民運動』『住民運動』の歴史的位置――中断された『公共性』論議と運動史的文脈をつなぎ直すために」（日本社会学会編『社会学評論』第五七巻二号、二〇〇六年）。

（12）D・E・アプター・澤良世『三里塚――もうひとつの日本』（岩波書店、一九八六年）。
（13）白川真澄「地域住民運動　提示した問題と可能性」（フォーラム90s研究委員会編『二〇世紀の政治思想と社会運動』社会評論社、一九九八年）。
（14）福田克彦『三里塚アンドソイル』（平原社、二〇〇一年）。
（15）道場親信「三里塚闘争への社会運動論的アプローチのために――『三里塚アンドソイル』への応答として」（日本大学社会学会編『社会学論叢』第一四四号、二〇〇二年六月）。
（16）荒川章二『日本の歴史16豊かさへの渇望』（小学館、二〇〇九年）。
（17）宇沢弘文『「成田」とは何か――戦後日本の悲劇』（岩波書店、一九九二年）。
（18）隅谷三喜男『成田の空と大地　闘争から共生への途』（岩波書店、一九九六年）。
（19）隅谷三喜男、同書、三七四頁。
（20）武藤一羊「社会運動と分水嶺としての一九六八年」（フォーラム90s研究委員会編、前掲書）。
（21）道場親信「地域闘争――三里塚・水俣」（岩崎稔・上野千鶴子・北田暁大・小森陽一・成田龍一編『戦後日本スタディーズ2　60・70年代』紀伊國屋書店、二〇〇九年）。
（22）高木正幸「成田空港反対闘争」（佐々木毅・鶴見俊輔・富永健一・中村政則・正村公宏・村上陽一郎編『戦後史大辞典増補縮刷版』三省堂、一九九五年）。
（23）荒川章二、前掲書、一六四頁。
（24）高沢皓司・高木正幸・蔵田計成『新左翼二十年史――叛乱の軌跡』（新泉社、一九八一年）。
（25）小熊英二『一九六八〈上〉若者たちの叛乱とその背景』（新曜社、二〇〇九年）。
（26）のら社同人編『壊死する風景　三里塚農民の生とことば（増補版）』（創土社、二〇〇五年）。一九七〇年に初版が出版された本書（一九七一年に運動の資料・年表を加え写真を差し替えた増補版が出版された）は、当時朝日新聞出版局に勤めていた大崎紀夫が青年行動隊の座談会を毎週録音し、まとめたものである。座談会のメンバーは秋葉義光、石井新二、石井恒司、石毛博道、小川了、三ノ宮文男、島寛征、前田勝雄、柳川秀夫であり、古村・開拓の者が同席して討論を行なった（メンバーの招集と座談会の進行は島寛征に任された）。本書は座談会の順序も入れ替えず収録されており、当時の青年行動隊の意識を読み解くのに有効であると思い使用した。本稿を執筆するにあたり参照した二〇〇五年版は一九七六年六月に刊行されたものの復刻版であるが、初版・増補版・復刻版ともに座談会部分の変更はない。

（27）　朝日新聞成田支局『ドラム缶が鳴りやんで――元反対同盟事務局長石毛博道　成田を語る』（四谷ラウンド、一九九八年）。本書は成田空港問題シンポジウム・円卓会議にて反対同盟事務局長を務めた石毛博道に対し、朝日新聞成田支局が行なった取材内容をまとめたものである。取材内容は、一九九七年四月二日から同年一〇月三日までの間、朝日新聞千葉県版に計六七回連載された。この連載されたものに、円卓会議後の現地の動向に対する石毛のコメントが加えられたかたちで本書は構成されている。また、随所に石毛以外の運動当事者も多数登場し、当時の事柄に対してコメントを寄せている。

第一章　三里塚闘争の構成

第1節　新空港建設地の位置決定

1　富里案

一九六三年八月、増大していく旅客需要に対し（表1）、今後、東京国際空港（羽田空港）の処理能力が限界に達することを見通した運輸省は、航空審議会へ「新東京国際空港の候補地及びその規模」について諮問した。(1) これに対し、航空機発着が今後二〇年内に現在の一〇倍以上に達すると推定した航空審議会は、主滑走路二本、副滑走路二本、横風用滑走路一本を有し（主滑走路の長さは四〇〇〇メートル）、敷地面積二三〇〇ヘクタール（七〇〇万坪）を規模とする新空港建設案を答申する(2)（図1）。

同時に、候補地には千葉県浦安沖、茨城県霞ヶ浦周辺、千葉県富里村付近を挙げ、他の飛行場との管制上の関係、気象条件、建設工事上の問題、都心との距離を重点に検討した結果、富里案が最も適当であるという見解を示した。一方、運輸省が新国際空港建設地として富里・八街地域を検討

表１　東京国際空港（羽田）における国際線定期便発着回数の推移

年度	日本航空	外国会社	計	シェア（%）		対前年伸び率（%）
				日本航空	外国会社	
昭32	828	6,457	7,285	11.4	88.6	14.7
33	1,205	6,741	7,946	15.2	84.8	9.1
34	1,593	8,140	9,733	16.4	83.6	22.5
35	1,709	8,800	10,509	16.3	83.7	8.0
36	1,935	9,127	11,062	17.5	82.5	5.3
37	2,188	9,724	11,912	18.3	81.7	7.7
38	2,421	10,436	12,857	18.8	81.2	7.9
39	3,429	11,321	14,750	23.3	76.7	14.7
40	4,228	12,460	16,688	25.4	74.6	13.1
41	5,904	15,221	21,125	27.9	72.1	26.6
42	7,958	18,632	26,590	29.9	70.1	25.9

（出所）新東京国際空港公団20年史編纂協議会編『新東京国際空港公団20年のあゆみ』1987年、163頁。

図１　新東京国際空港計画案

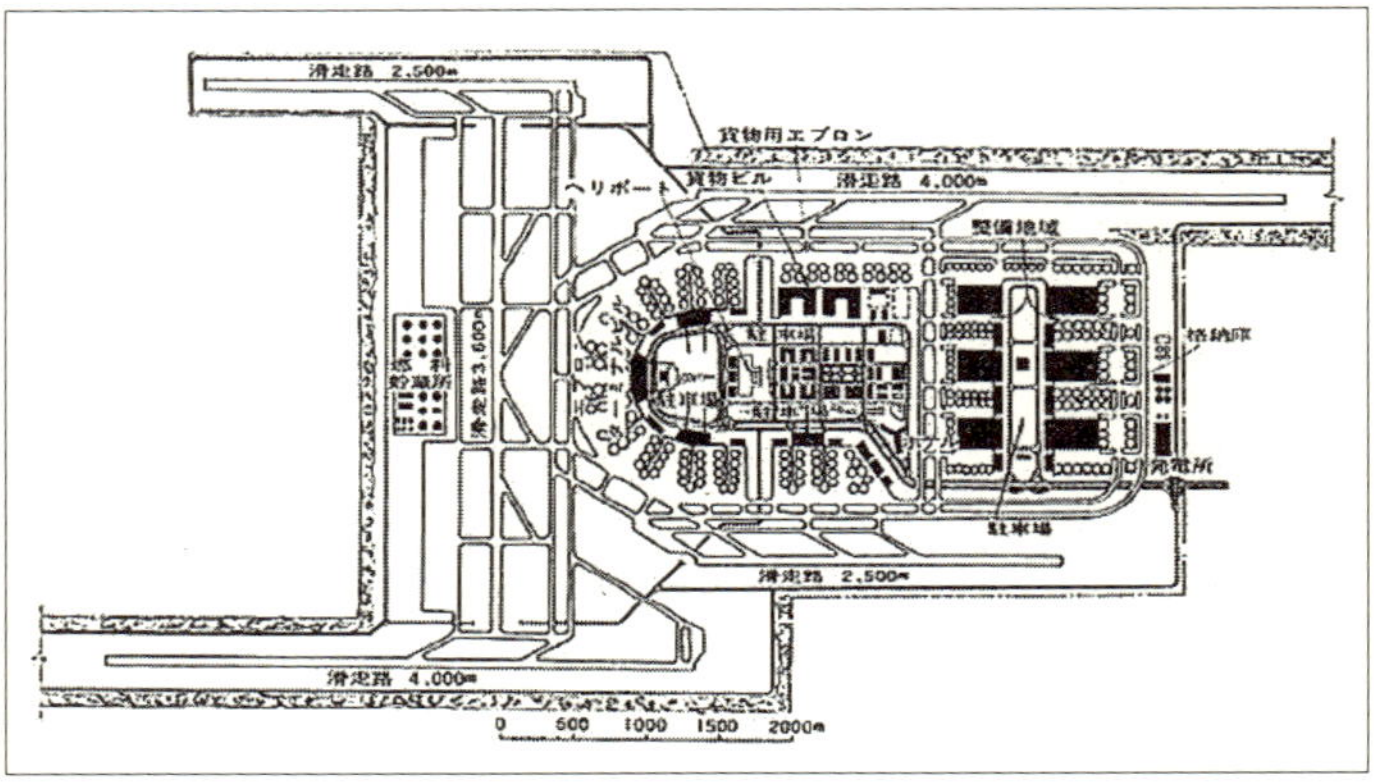

（出所）同上、166頁。（図は昭和39年度『運輸白書』より）

していることが明らかとなると、同年一〇月一日には富里村空港設置反対期成同盟が組織され、県に対し反対陳情を繰り返すなど地元の反対運動も活発化し始めた(3)。

候補地については航空審議会の答申後も富里案、霞ヶ浦案に加え、自民党内で推された木更津沖案と、政府内でも支持が分かれていたが、一九六五年一一月一八日の新国際空港問題関係閣僚協議会の場で、管制上の問題点、都心への距離を理由に新空港建設地は千葉県富里村付近に内定する(『千葉日報』一九六五年一一月一九日。木更津沖案は航空管制が羽田空港と重なること、都心から遠いこと、霞ヶ浦案は泥土が深く建設が困難であること、茨城県百里基地との管制上の問題から破棄となった)。

しかし、千葉県に事前連絡のないまま政府が一方的に空港建設地を決定したことに対し、友納武人知事・川上紀一副知事は共に「軽率」「国に協力はできない」と態度を硬化させた(『千葉日報』一九六五年一一月一九日)。抜き打ち的な富里案の内定は地元の反対意見も促進させ、内定発表直後の一一月二四日には空港設置反対署名が富里村有権者の七割を超え、村議会も空港反対を決議、空港周辺の各町村議会も反対を決議した(4)。さらに一一月二四日に予定されていた建設予定地の閣議決定も延期することとなる。活発化する地元の反対運動に加え、県、地元町村の協力を得られなくなったことから富里案は消散していった。

2　三里塚案の了承過程

富里案に代わる空港建設候補地を協議した政府は、一九六六年六月二二日、佐藤栄作首相が友納知事を招き、「成田市三里塚の御料牧場を中心に新国際空港を建設したい」との意向を明らかにし、千葉県へ協力を要請した（『千葉日報』一九六六年六月二三日）。友納知事は「農地率が高い富里・八街地区への設置には反対だが、三里塚中心という案ならばこれまでの計画とは違うので早急に検討のうえ回答する」と、民有地買収の少ない三里塚案には関心を示した。同日には橋本登美三郎官房長官、瀬戸山三男建設大臣、中村寅太運輸大臣の間で、滑走路五本の予定で進んでいた膨大な空港建設計画を取り下げ、空港面積を当初の半分以下の約一〇〇〇ヘクタールに縮小することが決められ、若狭得治運輸事務次官を千葉県庁へ派遣し、打ち合わせを行なわせることとなる。

政府から三里塚案の協力要請があった翌日、運輸省側は現地の情勢を把握する目的で、政府内部の臨時新国際空港関係閣僚会議の幹事会へ千葉県から代表を送り込むように友納知事へ要請するなどの歩み寄りもみせ、自民党県連役員と協議した友納知事は、三里塚案に対し協力の姿勢をみせるようになった（『千葉日報』一九六六年六月二四日）。六月二六日には知事が成田市を初訪問し、協力要請を行ない、千葉県側の空港建設案が提示されるなど、三里塚案は急速に現実味を帯び始める（『千葉日報』一九六六年六月二六日）。空港面積、空港の位置、補償、代替地、御料牧場関係、騒音対策、転職対策、道路整備と八項目にわたる県側の要求は空港閣僚協議会の幹事会で了承され、六月二九日の定例県議会において友納知事は「政府が住民の補償対策に誠意を傾けて万全を期すならば、この三里塚空港案について了承せざるを得ない」と正式に協力の方針を表明するに至った（『千葉日報』一九六六年六月三〇日）。

そして、政府は同年七月四日に三里塚への新空港建設を閣議決定する。同日決定された地元住民対策は主として、①土地等補償＝空港建設予定地の土地取得、物件移転等の補償については千葉県知事の意向を尊重して決定する、②代替地＝営農を継続する意志のある農民に対しては申出者の希望を尊重した代替地を用意し、営農が円滑に行なえる資金・技術等の援助をする、③騒音対策＝騒音対策区域内で移転を希望する者については、移転先の斡旋、移転料の支払いなど国が措置を講ずる、農耕地については畑地灌漑施設を建設し農業収入の増大を図る、④職業転換斡旋＝離職者の職業斡旋については、住民の希望を徴し、国が責任をもって空港事業、関連事業等に就業せしめる、とする四項目であった。[5]

その後、空港建設事業の遂行は「人事、経理面での弾力性を必要とするから、官庁直轄事業にはなじみがたく、さればと云ってその公共性から見て、私企業に委ねることも適当ではない」[6]ことから公団方式をとることとなる。一九六六年七月三〇日、新空港の建設・経営を担うものとして新東京国際空港公団（以下、空港公団、または公団という）が発足し、現地に生起する問題は空港公団が対処することになった。

3　閣議決定から生じた争点

「新国際空港建設の必要性が迫っているので、早い時期に閣議決定にもち込み、新国際空港公団を発足させたい」（『千葉日報』一九六六年六月二四日）という関係閣僚の発言どおり進められた空港位置決定は、閣議決定に至るまでに十分な時間と手続きがとられたとはいいがたい。千葉県への協力要請から閣議決定までは二週間足らずで、その間地元住民への公式説明会は一回のみであった（『千葉日報』一九六六年七月一日。一回のみの公式説明会は六月三〇日に行なわれ、場所も地元ではなく千葉県庁であった)。また、当時の運輸次官の「運輸省が飛行場をつくるときには上のほうで一方的に決めて、農民はそれに従うのが一般的原則である。これまでもこの方式で飛行場を建設してきたのであって、一度も問題になったことはない」(7)という発言からも、政府側に地域住民の意見を聞く民主的手続きの欠落を問題視する意識がなかったことがうかがえる。三里塚案は千葉県への協力要請を踏まえて閣議決定へたどりついたが、空港建設計画が新聞・テレビを通じて不意打ちのように地元住民へ伝えられた点は、富里案のときから変わらない行政側の態度を反映している(『千葉日報』一九六五年一一月一九日。また、福田克彦『三里塚アンドソイル』平原社、二〇〇一年、一六頁)。閣議決定の日、報道を聞いて千葉県庁へ押しかけた陳情団約一〇〇〇人は「地元に対し事前の話し合いもなく三里塚新空港を決定するのは非民主主義もはなはだしい。〔中略〕国策の名のもとに国や県が強行するならば住民は断固として阻止し、流血も辞さない覚悟だ」(『千葉日報』一九六六年七月五日)と訴えた。

一方、閣議決定後、反対決議を行なった空港建設地・騒音地区にあたる成田市議会や芝山町議会など空港周辺市町村議会は、用地買収価格、代替地補償、騒音対策などの細目が明らかになるにつれて反対決議を撤回し(8)、一九六七年三月二日には市町村議会の反対決議は皆無となる(9)。市町村議会の反対決議撤回により、議会制民主主義のうえでは空港建設の民主的手続きは問題なく進んでいた。議会の決定と住民の感情の差、政府と住民の「民主主義」過程の認識のズレから、「ボタンの掛け違い」と呼ばれる問題を三里塚闘争は問いつづけていくことになる。

さらに空港建設予定地の決定から浮かび上がる問題は〝開拓蔑視〟という問題である。三里塚案は成田市の三里塚御料牧場および周辺県有地を活用することによって、移転対象となる世帯数を極力抑える方針のもとに浮上したのだが、友納知事と協議を重ねていた若狭運輸事務次官は「ここは非常に千葉県でも地味のやせたところでございます、水のないところでございます、成田というところは。〔中略〕しかも満州からお帰りになった方々が非常に多いというような状態から、この買い上げ価格を相当思い切ってやっていただきさえすれば、その空港建設は可能であろうということを、友納さんの御意見として私は聞いたことを記憶いたしております」[10]と証言している。

後述するが、空港建設予定地には戦後から開拓農民として入植した者たちが多く、政府も県側も「比較的買収しやすい」と考えていた(『千葉日報』一九六六年六月二五日)。さらに、建設予定地から周辺の古村が除かれていたことは明らかであり(図2、3)、戦後開拓を狙った空港建設予定図には国や県の「三里塚には反対が少ないという」一方的な認識が反映されていたことを反対派農民も感じ取っていた。[11]

第2節　空港反対闘争を担った地域と組織

1　空港建設地の歴史——三里塚

現在、空港反対運動に関連した地域の通称となっている「三里塚」とは、強風と関東特有の火山灰土を有する北総台地(千葉県北東部)の中央を指し、元来は天皇家の牧場である下総御料牧場一

図2　古村と開拓の分布図

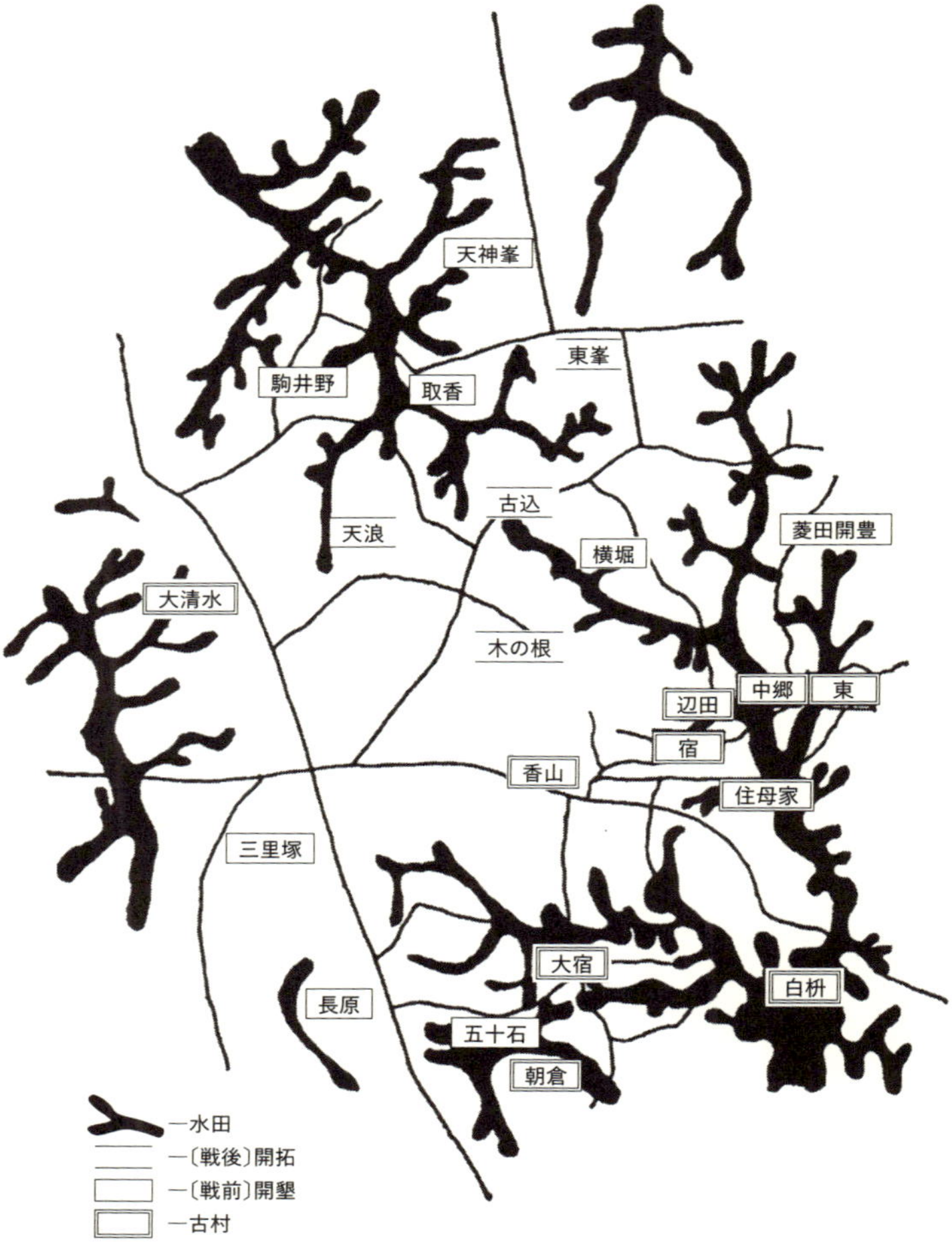

（出所）　のら社同人編『壊死する風景――三里塚農民の生とことば』（創土社 、2005年）5頁。

図３　三里塚闘争支援者のための現地案内地図

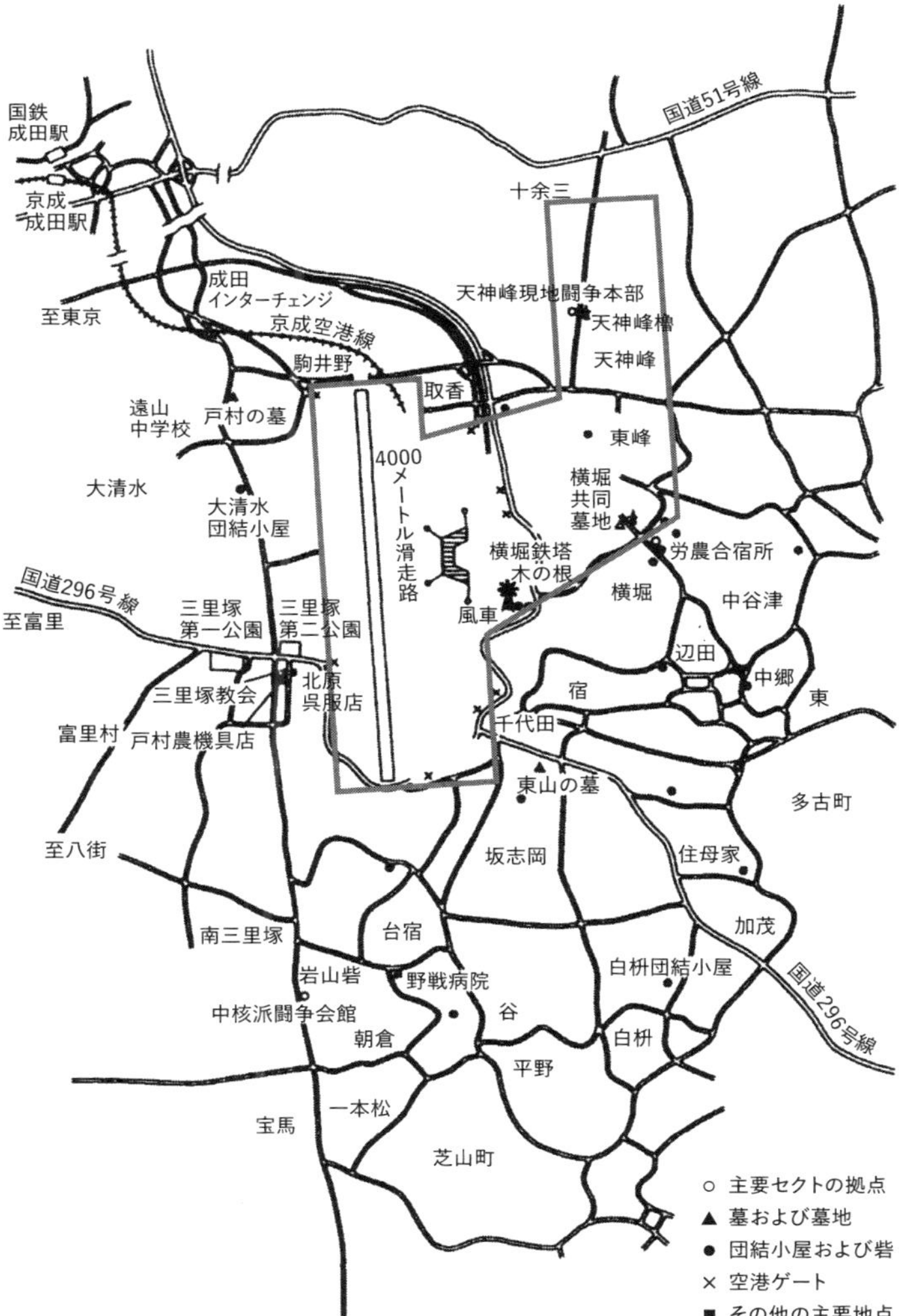

（出所）　D.E. アプター・澤良世『三里塚――もうひとつの日本』（岩波書店、1986年）
93頁。

帯の呼称であった。古代から野生馬の産地として知られていた北総台地は、近世に入ると江戸幕府の直轄として「牧」と呼ばれる馬の放牧地が置かれる。成田市域には七つの「牧」があり、佐倉七牧と呼ばれたこの放牧地は、一九世紀中頃には三五〇〇頭余りの牧馬を放牧していた。(12)

やがて、明治維新によって幕府が倒れると、佐倉七牧は明治政府の直轄となる。一八六九年、東京で溢れ出た窮民に対する授産事業として、新政府が「牧」の開墾を決めると、佐倉七牧のうち六牧が開墾地となり、取香牧だけが官有地として残ることになった。東京から開墾地へ移住した者は農業に不慣れな者が多く、また入植した直後に風害に見舞われたこともあり、開拓者はとても厳しい生活を強いられた。(13)

唯一開墾が保留された取香牧は、一八七五年に下総牧羊場の設置場所として決定、開場することとなる。(14)また、牧士たちが江戸時代からつづく「牧」の存続を願ったこともあり、牧羊場用地に決定した取香牧では、下総牧羊場と同時に取香種畜場も開設された。しかし、一八七五年から開始した牧羊事業は四年間で巨額の損失を生み、一八八〇年に取香種畜場と合併して下総種畜場となる。(15)さらに一八八五年には下総種畜場の管轄を宮内省に移し、一八八八年に名称を宮内省下総御料牧場と改称、天皇家の牧場として三里塚という地域に根づいていく。御料牧場は一八八八年時点で約三四〇〇ヘクタールの広さをもったが、大正年間に総面積の六割を帝室林野局へ移管、また開墾地として開放したこともあり、敗戦時にはその広さは約一四〇〇ヘクタールとなっていた。(16)

この明治初期の取香種畜場開設に伴い、牧場内の中央部に位置した三里塚に土地を借りて商いをする人びとが移り住むようになっていった。(17)さらに一八八六年、取香種畜場内に三里塚事務庁が建てられると、広い原野で生活するために、日用品の購入先として出店を経営する人びとが求められた。貸し渡される土地も増えていき、御料牧場に勤める者や、農具を製作し、御料牧場を取引相手にする者など、牧場と深い関わりをもつ人びとによって三里塚という集落は形成されていく[18]。

そして敗戦時には、復員兵や疎開者、近隣農家の次・三男といった過剰人口を解消するための入植地として、御料牧場は再び開墾事業の対象地となる。一九四五年一一月九日、「緊急開拓事業実施要領」が閣議決定され、国有地・県有地が開拓の対象となると、御料牧場はその約九二五ヘクタールを開拓事業に譲ることとなる[19]。一九四六年七月、帝室林野局から「御料牧場内可耕地使用承認の件」の正式通知が出され「緊急開拓事業実施要領」が決まると、開拓地の分配が決まる前に人びとは牧場に鍬を入れ始めた。入植者たちはグループごとに開拓組合をつくり、組合同士で土地争いを展開し、占領軍軍事裁判所の指示によって土地分割の調整をつけることもあった[20]。戦後開拓農民とは、敗戦直後の深刻化する食料危機のなかで、熾烈な土地争いの果てに生活を手に入れた人びとであり[21]、この開拓によって新しく生まれた行政区が、東峰・天浪・木の根・古込・桜台の各部落である[22]。

御料牧場を含んだ国有地・県有地を三七%、残りの六三%を一般民有地として計画された空港建設予定地、その民有地とは外地からの引揚者や戦災者など、主に戦後開拓の人びとが住む集落であった[23]。開拓の集落はその歴史が浅いこと、一戸一戸が点々と存在していたことから村落共同体的な性格が育たず[24]、空港問題が起こったとき、農業の将来への見通しがつかず離村していく者と、苦労してつくりあげた農地を守ろうとする者へ二極化していくこととなる。

2 騒音地区――古村

前述したように空港建設地には戦後開拓の集落が選ばれたが、空港の騒音地区にあたる千葉県山武郡芝山町は古くからつづく古村の村々によって構成されている。

明治年間で芝山町域に位置した村々の行政区画は、二川村と千代田村という二つの村に編成され[25]、さらに一九五三年九月の町村合併促進法の制定によって二川村と千代田村は合併し、現在の千葉県山武郡芝山町となっているが[26]、こうした行政区画とは別に、古村では部落が根強い集落単位として残っていた。福田克彦によると芝山町域は、昔の大字で菱田・岩山・千代田の三つに分かれていた[27]。また、芝山町域では千代田村青年団が一九〇九年に創立しており、「団員は二〇八人で、千代田・岩山・菱田の三分団に分かれて、各分団において積極的に活動していた[28]」ことからも、部落が三つ存在していたことがわかる。小字を含む芝山町域のすべての部落を把握することはできなかったが、部落の規模に関しては五から二〇世帯だという指摘がある[29]。

そして古村の部落は、部落内の二軒の空港賛成派に対し村八分を実行しながら〝部落ぐるみ〟の闘いを実現させた辺田、また当初部落全員が空港反対を唱えていたが、部落の有力者が賛成派にまわると部落全体も空港賛成派となった駒井野・取香（空港北側）などのように、開拓とは対照的に強い意思統一を表わした。

3　三里塚芝山連合空港反対同盟

空港反対運動の担い手となった「三里塚芝山連合空港反対同盟」は、開拓農民中心の組織である「三里塚新国際空港設置反対同盟」（戸村一作委員長）と、騒音地区の古村が組織した「三里塚空港設置反対芝山地区同盟」（瀬戸誠委員長）の連合組織である。

一九六六年六月二五日、友納千葉県知事が空港建設の協力を求めるため成田市長を訪ねたことで、三里塚では反対運動の気運が高まり、同月二八日には「三里塚新国際空港設置反対同盟」が結成された（『千葉日報』一九六六年六月二九日。同日の新国際空港反対総決起大会では反対派農民約一〇〇〇人が集まった）。一方、空港の南隣りに隣接する芝山町も三〇日に「三里塚空港設置反対芝山地区同盟」を結成、この両組織が同年七月一〇日に戸村一作を委員長に置き統一することで、「三里塚芝山連合空港反対同盟」が結成された。それぞれ独自の組織が横並びに連合するかたちで生まれた反対同盟は、その結成時には約一二〇〇戸、約一五〇〇人の同盟員勢力を誇った。(30)

反対同盟は、各部落から送られる一～二名の代表によって構成される実行役員会（最高議決機関）と、委員長・副委員長・事務局長・実行役員会と各行動隊の代表によって構成される幹部会（執行機関）を組織の骨子とした（図４）。個人が問題を提起する場合は、実行役員会と幹部会のどちらかに相談をもちかけることで同盟内の討議が始まり、また重要な問題を提起する場合には、事前に部落で討議を行なったあとに反対同盟へ問題を提起して全体の決定を仰ぐというかたちをとっていた。ほかにも、部落の代表者が非公式に話し合いを行なってから問題を公けにするケースもあり、反対

図４　反対同盟の組織図

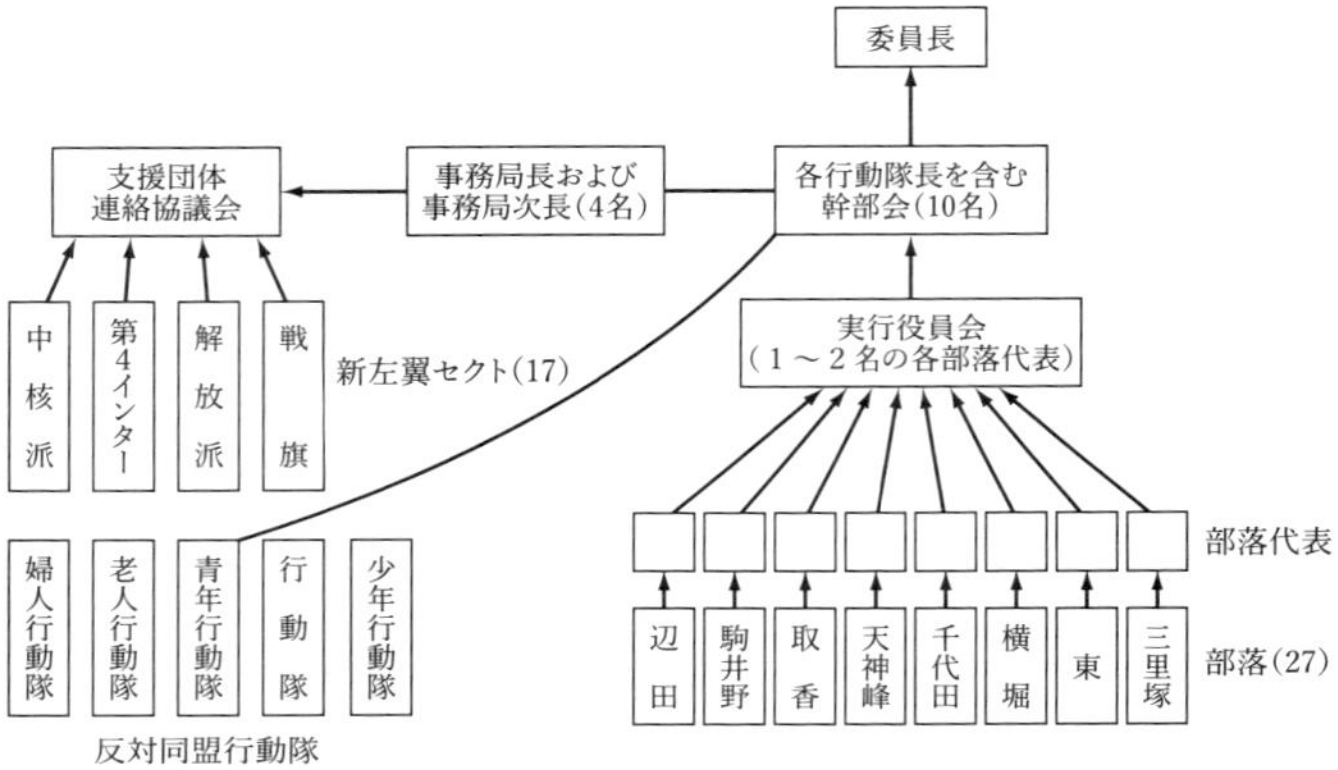

（出所）　D.E. アプター・澤良世『三里塚――もうひとつの日本』（岩波書店、1986年）193頁。

同盟内における問題提起の方法はさまざまであった。[31]

　最高議決機関が部落の代表者で構成された反対同盟は、部落の連合体として捉えることができよう。反対同盟と各部落との関係は中央集権的なかたちをとらず、同盟を構成する部落には自主性が認められており[32]、また反対同盟に加盟している部落はそれぞれの部落単位でも「部落反対同盟」を名乗るなど、反対同盟に対してその独立性を保っていた。部落運営の問題については部落代表である実行役員に任せられ、同盟の幹部会であっても介入できなかった。

　ここで、機動力をもつものとして組織された行動隊について説明する。一九六七年一〇月の外郭測量阻止闘争にむけ、反対同盟は総体の組織力の強化と機動隊との戦闘を担う組織として「反対同盟行動隊」を結成する[33]。反対同盟と部落の関係同様、行動隊においても部落はそれぞれ部落行動隊を組織しており、反対同盟行動隊とは部落行動隊の連合体であった(34)。部落には青年団・婦人会・消防団など、地域の人びとを年齢・性別・機能に基づいて構成員とする集団があり、部落行動隊はこれらの集団をその基盤にしていた。そのため、行動隊は老人行動隊、青年行動隊、婦人行動隊というように世代・性別ごとに形成されていく。また、D・E・アプターが「青年会、婦人会のほか、消防団など、各部落内での機能に基づく組織は全国組織の一部としての責任を放棄するわけにはいかない。部落内のひとつひとつの組織体は、同時に社会的な存在として固有の連帯を保っている」(35)と指摘するように、行動隊は部落を超えた同世代との繫がりをもつ組織となる(36)。

以上のように、反対同盟は結成当初、各自固有性をもつ部落と機動性を有する各行動隊との二つの要素に基づいて構成されていた(37)。しかし、闘争の長期化に伴い運動から脱退する者が増える過程で、組織を構成する重要要素は部落から行動隊に比重が傾いていく。一九七〇年中頃には部落が機能しなくなり、反対同盟分裂後の熱田派では、幹部会と実行役員会が同一化し、幹部と事務局を青年行動隊が中心に担った(38)。

4　青年行動隊

一九六六年六月、空港に反対する青年組織として、成田市三里塚と山武郡芝山町では村の青年団を母体にそれぞれ青年同盟という組織を結成する。二つの青年同盟が正式に統一行動を起こしたのは同年九月三日の千葉県庁への抗議行動のときであった(39)。しかし、その後の同月一二日に土地買収価格が発表されると、条件賛成派の土地買収手続きが目立つようになり、三里塚の青年同盟は組織維持がほぼ困難となっていく。一方、芝山町では積極的に反対運動へ取り組む青年たちが日本民主青年同盟（日本共産党の青年組織。以下、民青と略す）に属して青年同盟の幹部に就いていたが、共産党主導の運営に地元の青年たちは反発を覚えるようになっていた。同時に芝山町では「あまり闘争に積極的じゃあなかった連中」が自主組織として青年行動隊を組織していく。[40]しかし、人数も少なく、反対同盟との関わりも薄いことから、三里塚青年同盟同様、組織は壊滅的な状態となる。

そこで、三里塚青年同盟は一九六七年一〇月の外郭測量阻止闘争を視野に入れ、「社会党や、共産党からも〝自立〟〝独立〟しなきゃならないという方向」のもと、民青を除いた青年たちによって地域ごとの青年組織を再編成し、地域共闘のかたちを整えることを芝山青年同盟に提案する。[41]さらに一〇月一〇日に行なわれた外郭測量阻止闘争では、共産党（民青を含む）が実力闘争を拒否したことから、青年たちの動きは民青の排除へ傾くことになる。外郭測量後、反対同盟が共産党に絶縁声明を出したことで三里塚、芝山の二つの青年組織はまとまっていき、一九六八年の空港公団による用地売却同意者宅への立入り調査阻止闘争のさいには、青年行動隊として統一行動がとれるようになった。そして翌一九六九年には「三里塚芝山連合空港反対同盟青年行動隊」として統一することとなる。[42]

このように組織的に統一された青年行動隊は、反対同盟と親子関係にあった組織であり、世帯主が反対同盟員、息子が青年行動隊員というのが反対派農民の一般的な姿であった。[43]空港反対闘争が始まる以前は、土地の登記に名義をもつ者が家の権限をもっており、会話をしても「立ちうちできねえ」存在として父親がいたが、[44]この構図が空港反対闘争において逆転していく。『壊死する風景』

のなかで青年行動隊は以下のように語っている。

石井恒司「やっぱりいち早くたち上がったのは若い者だもん。で、オヤジたちは、あまり運動してなくて、オレたちがやってたろ。それで若い者もやってるからってことになったんだよ。やらなきゃ、しようがねえってんで出てきたんだよな」

三ノ宮文男「たいていそうだな、オヤジさんも、家族も」

島寛征「反対同盟にたのむことはねえ、もともとオレらが先なんだからって話をかなりしていたな」(45)

空港反対運動において青年たちは父親に対する優位性、「青行隊つうのは反対同盟の闘争の未来を先取りしてたという自負」(46)をもつことで三里塚闘争の前面に立ち、主体的な闘争の構築を担っていく。さらに、青年行動隊はのちの実力闘争において過激な闘争を展開し、同盟の急進派を代表していった。

なお、反対同盟分裂時には青年行動隊の大半が熱田派に加入し、高齢層で構成される幹部会と青年行動隊を中心とする有機農法グループの連合で熱田派を構成した。やがて壮年に達した青年行動隊が同盟運営の中軸を担うようになり、一九九一年からは「成田空港問題シンポジウム」の開催を主導した。

第3節　革新政党の離脱と新左翼運動との共闘

1　共産党の離脱

新空港建設が決定した直後の反対同盟は、富里空港反対運動を指導した社会党・共産党と共闘関係にあり、革新政党の指導のもと自治体への陳情、デモ、抗議行動を実施する。[47] 共産党は富里空港案のときより、空港建設地が米軍基地との管制上の調整によって決められている点に反対しており、「富里や今日の三里塚農民の土地をまもるたたかいが、この点で日本の独立と安全を守るたたかいとつながり、安保条約破棄と米軍基地撤去のたたかいと密接につながっている」[48] と主張していた。

戦術面では、一九六六年八月二九日から空港建設予定地の土地所有者から提供された土地を多くの人の共有名義にし、空港公団による買収手続きを複雑化する戦術である一坪共有化運動が取り組まれ、[49] 他にも立ち木一本一本を登記する「立木売買契約」など、富里空港反対運動で採られた運動が三里塚闘争にも引き継がれた。[50] 反対同盟は、キリスト教徒でありガンジーの無抵抗主義から影響を受けた戸村一作委員長の闘争理念から「無抵抗の抵抗」を貫き、武力蜂起はせずに闘っていたが、一九六七年一〇月一〇日に行なわれた「外郭測量」を契機にその闘争スタイルは大きく変化していく。

空港建設工事の第一歩である「外郭測量」とは、空港の境界を確定するために杭を打ち測量を行なうことであり、一九六七年八月二一日に友納知事は「土地収用法」[51]に基づく空港公団の土地立入測量の実施を公告した。土地収用法を適用したことにより、空港公団は反対派の土地へ強制的に立ち入る権利を得る。一〇月九日、社会党を中心とする抗議団が空港公団を訪れ、「公団が空港建設を強行すればわれわれは全力をあげてこれを阻止する」(『千葉日報』一九六七年一〇月一〇日)と迫るも、その翌日早朝、空港公団の測量班は機動隊約一五〇〇名を引き連れて現われた(『千葉日報』一九六七年一〇月一一日)。祝日(改正祝日法施行前の体育の日)に抜き打ちで実施された外郭測量に対し、反対同盟は婦人行動隊を中心に坐り込みによる抵抗を行なったが、動員数で勝る機動隊の前には虚しく、四〇〇〇メートル滑走路の基点となる三カ所への杭打ちは予定どおり終了した。わずか一〇分足らずで終了した測量後、「反対派婦人の中にはヘタヘタとすわり込んで泣く者、首をうなだれて引き返す者」、機動隊を行使した強行手法に対しては怯えと悔しさの感情が共に押し寄せた(『千葉日報』一九六七年一〇月一一日)。

また、この機動隊の出現のさい、「くやしがる農民に『挑発にのるな』とコーラスを歌ってなぐさめた」共産党と実力闘争による抵抗力を求める反対同盟の間に対立が生じはじめる(『朝日ジャーナル』一九六八年三月一〇日号)。さらに一九六七年一一月一四日、政府・公団を代表する大橋武夫運輸大臣、今井栄文空港公団総裁と反対同盟を代表する戸村一作反対同盟委員長、石橋政次、瀬利誠反対同盟両副委員長が朝日新聞の仲介で座談会を開いたこと(『朝日新聞』一九六七年一一月一五日。一九六六年七月四日の閣議決定以来、政府・地元反対派による初めての対話であった。座談会は両者の主張が平行線のまま終了した)を、共産党が「同盟の大方針に反するばかりでなく、同盟を一部の人びとでひきまわす非民主的なやり方[52]」であると批判し、その後も反対同盟幹部を「条件派にクラがえした」などと流布したことで共闘関係の破局が決定的となり、同年一二月一五日、反対同盟は共産党に対し絶縁を声明する（『朝日ジャーナル』一九六八年三月一〇日号）。

強圧的な「力」で向かってくる機動隊と対峙した反対同盟は、これ以降、機動隊と攻防を繰り返していた新左翼運動との共闘関係を深めてゆく。

2　新左翼との共闘

ここで簡単に新左翼運動について説明を行なう。日本共産党、日本社会党・総評ら既成左翼の否定から出発し、六〇年代末には近代主義を批判する姿勢をとった新左翼は、国家から消費社会まであらゆる管理体制に反対し、急進的な手段（街頭実力闘争）を用いた点が特徴である[53]。各組織の把握は複雑であり、図5に示されるように革命的共産主義者同盟中核派（中核派と略す）・日本革命的共産主義者同盟革命的マルクス主義派（革マル派と略す）・共産主義者同盟（通称ブント、学生組織は社会主義学生同盟）・社会主義青年同盟解放派（社青同解放派と略す）・構造改革派など、共産党より極左的なセクトが六〇年代半ばまでに生まれていた。これらセクトは共産党とその青年組織である民青と対立関係にあっただけでなく、諸セクト間も相互に対立関係にあり、これはのちに運動の主導権をめぐり反対同盟分裂の一因となる。六〇年代後半には各派ごとに自派傘下の自治会を集めて「全学連」を形成しており、そのなかでも中核派・社会主義学生同盟・社青同解放派は一九六六年末から「三派全学連」を結成していた[54]。

図5　セクトの系統図

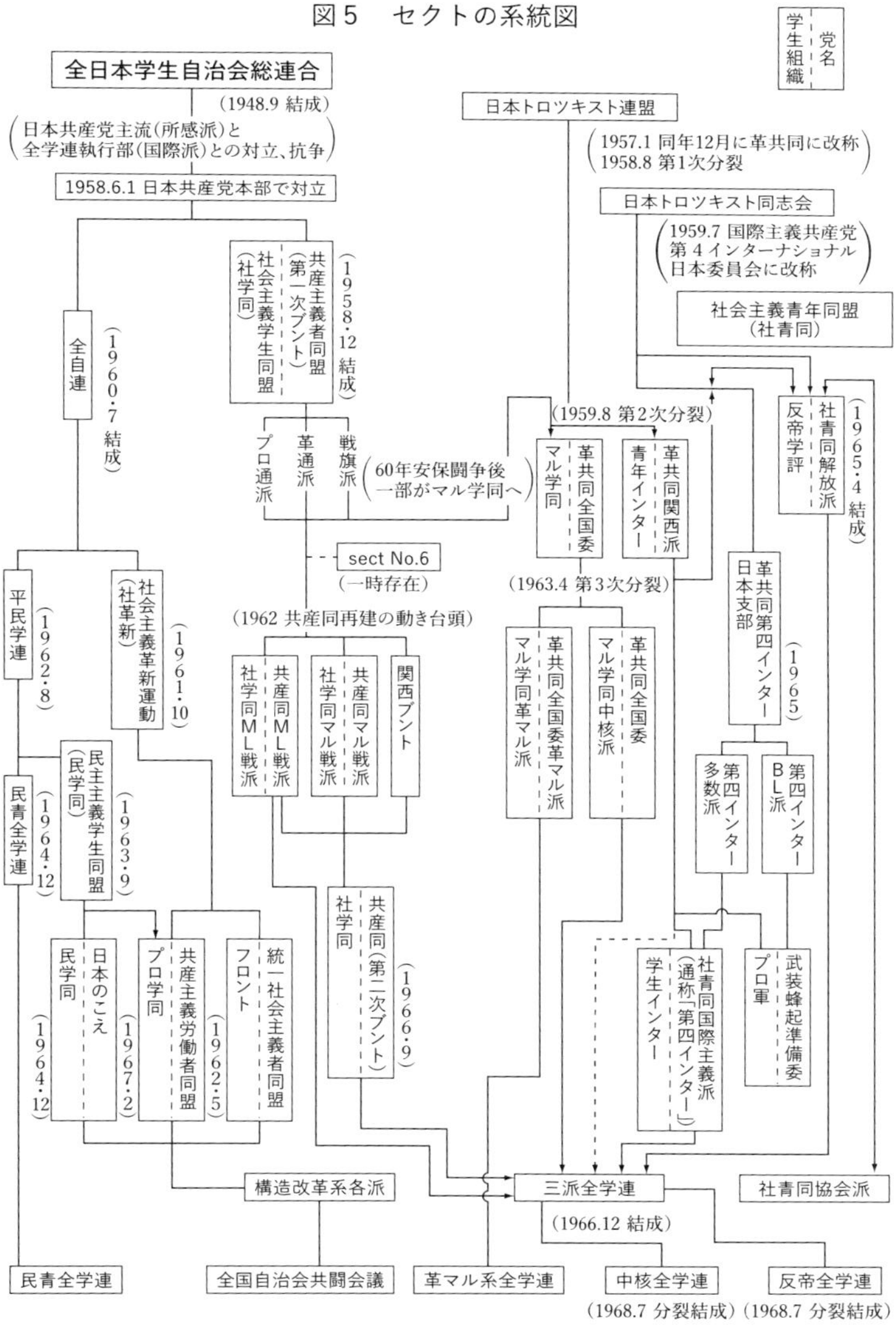

（出所）小熊英二『1968〈上〉若者たちの叛乱とその背景』（新曜社、2009 年）233 頁。

一九六七年、「日韓条約締結後の日本帝国主義の復活と、ベトナム侵略戦争の激化によるベトナム戦争参戦国化への傾斜」に対抗していた新左翼勢力は、一〇月八日の佐藤栄作首相訪ベトナム阻止闘争（第一次羽田闘争）を契機に、佐藤首相訪米阻止闘争（第二次羽田闘争）、原子力空母寄港阻止闘争（佐世保エンタープライズ寄港阻止闘争）を経るなかで武装闘争路線を強めていった。[55] そして、三里塚闘争には外郭測量後の一九六七年一一月三日、三派全学連と反戦青年委員会が反対同盟と共にデモへ参加しはじめている。[56] 当初、農民側も「暴徒」の噂の高い中核派を中心とする全学連を警戒していたが、一九六八年二月二六、二七日のデモにおいて警官隊と衝突したさい、「おばさんや青年や老人たちの間では、農民のために血を流してくれた闘う中核が大もて」（『朝日ジャーナル』一九六八年三月一〇日号。また、高沢皓司・高木正幸・蔵田計成、前掲書、九五頁によれば、この日のデモには、中核派を中心とする三派全学連約六〇〇名、反戦青年委員会約三〇〇名、反対同盟約一〇〇〇名が集まり、空港公団分室を攻撃した学生部隊と機動隊の間で流血の騒ぎとなった）となった。

機動隊を前に現状を打開する新たな方針として非合法な「力」を求めた反対同盟と、新国際空港がベトナム侵略戦争の出撃基地として使用されることへの懸念を反対の理由に三里塚闘争へ乗り出した全学連は、空港公団・機動隊と反対同盟・新左翼の「力対力」という対抗の構図を成立させながら、この後長い共闘関係を築いていく。[57] 同時に、新左翼諸セクトは「団結小屋」と称したセクトごとの拠点地を現地に建築し、開港前の一九七七年には二〇近い党派が三〇カ所余りの常駐拠点を構え、約一一〇人の常駐活動家を擁することになる。[58] その後、空港が開港すると、弱小セクトは撤退する一方、長期闘争姿勢をとった中核派や第四インターナショナルなどの有力セクトは常駐活動家を増やしていった。

第4節　農民の主体性の発見

1　「忍草母の会」の刺激と御料牧場の閉場式

一九六八年四月一二日、空港公団は条件付賛成派四団体との間で用地売渡しに関わる覚書の調印を行ない、この段階で空港予定地内の民有地約九割を確保する。[59]これに基づいて同月二〇日からは、土地売渡し同意者三〇〇世帯の家屋などへ立入調査が実施されるなど土地買収は着実に進んでいき、一九六九年八月一八日には下総御料牧場の閉場式が行なわれた。

この日、反対同盟は御料牧場のそばで集会を開き、閉場式場の周りをデモ行進していたが、式が始まる直前、デモの先頭でスクラムを組んでいた青年行動隊は突発的に「式場になだれこみ、壇上にかけあがり、机をひっくり返し、幕を引きちぎり、いすを投げ倒すなど、壇上をメチャクチャにした」(『千葉日報』一九六九年八月一九日)。しかし、このとき突撃した青年行動隊に対し、彼らの暴動に同調しない大勢の反対同盟員の存在が浮き彫りとなり、[60]さらに御料牧場閉場後の九月八日には、閉場式の破壊行動の件で青年行動隊員八名が逮捕され(空港反対派農民の初の逮捕)、農民の間には緊張した空気が流れた(『千葉日報』一九六九年九月九日)。

この御料牧場閉場式を前後して、青年行動隊は闘争における主体性の確立を反対同盟全体へ何度も呼びかけている。[61]その背景には一九六九年六月三〇日、七月一日に三里塚の農民たちが山梨県北富士演習場反対闘争の集会へ参加したことが大きな刺激としてあった。

現在、山梨県富士吉田市と山中湖村には陸上自衛隊北富士演習場が位置している。戦後一九四五年一〇月に米軍に接収されたこの北富士演習場は、一九五二年の講和条約発効後も日米安保条約の締結により米軍の使用を継続することとなり、この前後から演習が激化する。[62]しかし、この場所は江戸時代より草木採取などの利用条件が幕府に認められていた都留郡下吉田村（現富士吉田市）など一一カ村の入会地であり、[63]講和条約発効直後には県議会も政府に対し演習地拡張反対の陳情書を提出するなど、[64]朝鮮戦争休戦後も拡大していく演習場に対する反対運動の熱は高まっていった。この過程で、一九五三年に南都留郡忍野《おしの》村忍草《しぼくさ》入会組合は、北富士演習場内梨ヶ原地区の入会慣行阻害に対する補償を要求し、県知事から入会慣行存在の証明書を獲得している。[65]以降、入会権の保証を受けた忍草の農民たちは、米軍を相手に入会地を奪還する運動をつづけていた。

忍草村の農民たちが展開した北富士演習場反対闘争において特徴的なことは、その闘争主体が女性であった点である。入会地を演習場に奪われ農業収入が減り、生計を維持するために男性たちが出稼ぎに出ざるをえなくなると、一九六〇年、忍草の農民たちは「忍草母の会」を結成した。[66]それ以降、忍草では女性が闘争の最前線に立っていた。そして一九六七年九月一一日、忍草母の会の代表者たちと三里塚の婦人行動隊が交流集会（「9・11強制測量実力阻止婦人の会」）をもったことが、忍草と三里塚の接点となっている。[67]

一九六九年に反対同盟が参加した集会は「北富士演習場無効宣言大会」という名称であり、七月一日の集会は北富士演習場、梨ヶ原の地で決行された。[68] この日、絣のモンペの上下に白い鉢巻姿で登場した忍草母の会三〇七名は、掛け声とともに鍬を入れ、輪になって武田節を踊るパフォーマンスを行なう。デモや実力闘争といった定式化した政治運動ではなく、みずからの手で運動をつくりあげ、「百姓の闘い」を体現したような忍草母の会の姿は、三里塚の青年たちへ衝撃と自己の闘いを問い直す契機を与えることとなった。[69]

この翌月に行なわれた御料牧場閉場式における暴動について、青年行動隊の島寛征は「これは戦術戦略の問題っていうのは全然ねえわけだよな。動員の仕方なんてのは最も稚拙だしさ、意味ない闘争やったんだよ」[70]と反省を込めて回想している。御料牧場閉場式において表面化した反対同盟との距離を感じとった青年行動隊が、同年九月二八日に発した「闘争宣言」では「実力闘争を基本的根源としてたたかうこと」「反対同盟総体が実力闘争を叫び、かつ実践していく」必要性が強く主張された。[71]

一九六九年九月二〇日からはA滑走路の建設工事が開始される。反対同盟は連続的な工事阻止闘争に入るが、一一月一二日には工事用道路整地作業にあたっていたブルドーザーの前後に坐り込み工事を妨害したことで、戸村一作委員長をはじめ一三名が逮捕される（『千葉日報』一九六九年一一月一三日）。この日、工事阻止闘争に対する警察の強硬方針を目にした反対同盟は、その後の工事阻止闘争を放棄してしまう。[72] 青年行動隊は「支援の団体や方々にもたれかかってしまうという肩代わりの悪習さえも身につけてしまうこと」への危機感を反対同盟へ促す一方で、外郭測量以降の闘争を「たたかいのスローガンの簡略化であり、そのときどきの戦術や手段や動員のみを考えるだけが精一ぱいの傾向」であったと反省するなど[73]、重い鬱屈感がつづいた。

2　強制測量阻止

一期工事区域（A滑走路およびこれに対応する諸施設）内土地所有者九人の賛同を得られずにいた空港公団は、一九六九年九月一三日、建設大臣に対して成田空港建設事業を土地収用法上の公共事業として認定するよう申請した[74]。建設大臣が同年一二月一六日に事業認定を認め[75]、これを告示したことで公団は土地・物件の調査を行なう権限と、土地所有者が土地売却に応じない場合に明渡し裁決の申立てを行なう権利を取得する。土地収用法第三五条には「事業の準備のため又は土地調書の作成のために、その土地に立ち入って、これを測量することができる」と規定されており、事業認定を受けた公団は、一九七〇年二月一九日から「土地調書」作成のため対象地となった民有地の測量を開始する（『千葉日報』一九七〇年二月一九日によれば、対象地は四〇〇〇メートル滑走路上の一坪運動用地、団結小屋など一一カ所）。

一九六九年一二月一四日、反対同盟は測量阻止に向けて集会を開き、集まった同盟員一五〇名は一坪運動共有地に「反・対・同・盟・用・地」と一文字ずつ書かれた大きな看板を建てた（『千葉日報』一九六九年一二月一五日）。そして年末には、四〇〇〇メートル滑走路内の収用対象地となる団結小屋にバリケードをつくることが菱田地区中郷部落反対同盟から提案され、中郷部落と青年行動隊を中心とした農民は、一九七〇年一月二日にかけて天浪団結小屋にバリケードを構築した[76]。その後、一九七〇年一月一三日に木の根・駒井野団結小屋を加え計三つのバリケードを築いた同盟は、一月一五日、翌月から始まる強制測量に備えて坐り込み闘争に入る。こうして「〝家族総ぐるみ〟のたたかいを文字どおり実現し、孫の手をひき、子を背負って、死守すべき〝農地〟という戦場に、たたかいの砦に、おもむく覚悟です」[77]と、自分の土地を守る決意を固めた反対同盟は二月一九・二〇日の強制測量阻止闘争を迎える。

前年一年間の運動でゆきづまっていた青年行動隊はバリケード籠城作戦に期待していなかったが、この戦術は予想に反して同盟員を部落根こそぎ動員することに成功する。[78]バリケード構築をとおして中郷反対同盟が提起したことは、「反対同盟用地に強力なバリケードを築き農地死守の要塞とする」ということであり、いままでの出撃闘争から陣地戦へという方針転換であった。[79]一九六九年末の看板建てと、その翌年のバリケード構築に共通している点は、反対同盟所有地の強調であり、反対同盟員は青年行動隊が取り組んだ「工事阻止」よりも「農地死守」に運動の正当性を見出していったと考えられる。

そして測量当日は、老人行動隊から「同盟休校」を決行した少年行動隊まで老若男女全員が籠城し、文字どおり「土着する闘い」を同盟全体が身をもって実現させ、空港公団は天浪・駒井野・木の根の団結小屋の調査を打ち切った（『千葉日報』一九七〇年二月二〇日）。ただ自分の土地に坐り込むという単純なバリケード籠城作戦であったが、反対同盟総体の動員という点で成果を挙げたことを受けて、青年たちは「土地を守ること」に反対同盟の主体性の一端と三里塚闘争の方向性を摑んでゆく。

3　地下要塞建設

強制測量阻止闘争においてバリケードが構築された天浪団結小屋のなかには井戸が掘られた。四〇〇〇メートル滑走路の中央に位置した天浪団結小屋は電気も水も通っておらず、その水不足を解消するため、測量阻止闘争が終わると岩山反対同盟が井戸を掘り始めたのだった。(80) この井戸掘りに刺激を受けた青年行動隊は、木の根の青年行動隊団結小屋に井戸を掘ることを決め、「バリケードではちょっと、心細いから〈要塞〉でもつくってみっか」という冗談を交わしながら、井戸掘りはコンクリートづくりの地下要塞へと姿を変えていく。(81)

運動を主導する立場を自負していた青年行動隊だったが、このときはその他同盟員から次々と提案される闘争スタイルに抱え込まれるかたちとなった。(82) そして、青年たちはこの闘争の本質が自分の土地で闘うこと、守るべきものは農地であることに気づいていく。一九七〇年四月二八日に出された青年行動隊の声明には、地下要塞構築の宣言とともに「農地〈土〉を武器として闘うこと」が強調され、要塞は「己の決意と執念と思想が農地〈土〉と一体となった」ものとして位置づけられた。(83) 要塞建設は反対同盟の組織強化や戦術面を考慮してではなく、「農地死守」を掲げる運動の思想を体現するために必要とされていた。(84) また、青年たちにとって「土地」は「新都市計画法とか、開発計画とかにいつでも供用されるような、強制収用の対象になる」「区切りがある」ものとして概念化されたことに対して、「土」には範囲がなく「きりはなせない」イメージが与えられた。(85)

こうして「土」に抵抗の基盤を見出していった青年行動隊は、一九七〇年五月二一日から延べ五〇〇人以上の動員で建設作業をつづけ、七月四日にはコンクリートで覆われた地下要塞が完成する。(86) さらに地下要塞の建築作業の過程で青年たちの心情にも変化が見られるようになる。

石井恒司「こうなんてえのかな、いままでは闘争に主体的にかかわって、いまみてえなさ、つもりでいたけどよ、実はそうではなくてよ。〈要塞〉始めてからよ、ほんとうに、やっとオレも、なんつうのかな、仲間になれたのかなあっていうのよ。〔中略〕オレ、最近ずいぶん楽になってきたなア。闘争やることが……」

島寛征「しあわせ!」

石井恒司「いままではちがうんだよなあ。ある意味で、なんていうかなア。こう――ここに空港闘争があってよ、そんなかにみんながいてよ、して、オレもそんなかにいてよ、ひとつこう、方向が定まってしまったようななかにテメエもボケーといて、ただそんなかで闘っているみてえなとこがあっただよな。〔中略〕オレは、いま考えると、いままでは要するに、そうは思っていなかった。いま、主体的にやってると、テメエなりの意志なり、なんなりをもって、こう、やっていると、オレは思っていた。

だけど五年間やってきて、なんか〈要塞〉始めてから、ふと、何かに気がついたのかわからないけどよ、いままでのテメエがよ、どうでもよかった人間だったような気がするんだよな。三里塚闘争のなかでよ、三ノ宮がいったみたいに、オレがいようといめえとよ、闘いっていうのはよ、つづいているわけだっぺよ。ちがうんだ。最近、ちがうんだよな。いようといめえとじゃなくてよ、そうじゃなくて、オレはいるんだから、このなかに積極的に、闘争のなかによ、テメエも。〔中略〕やっぱり『かかわりかた』が違ってきたのかな?」
石毛博道「うん」
石井恒司「なんつうったらいいのかなあ」
島寛征「助太刀しろよ、みんなつめてえなあ」
柳川秀夫「そんなもんだっぺえなあ」
三ノ宮文男「同じようなこと、みんな思ってるんだよな」
石井恒司「〈要塞〉に自分を見たっていう感じなんだよな。だからオレ、何で〈要塞〉つくったかわかんねえんだよなあ。要するに、つくっている途中からよう、そういった、ちょっと、へんてくりんなものが出てきちゃったべ? 過去五年間と、ガラリ、変わったみてえなものがよ、オレの内部から、出てきたわけだっぺよ」(87)

地下要塞建設は闘争のなかにいる各自を浮き彫りにし、闘争主体としての自分自身と向き合わせる役目も果たしていた。青年行動隊が抱えつづけてきた「主体性の欠落」という課題は、〈農地死守〉という観点の確立と同時にここで克服されていく。

また、「土地」に対し「土」という言葉を使ったように、青年たちは「農民」に対して村や部落といった共通の生活基盤をもつ存在として「百姓」という言葉を選ぶ。(88)その後の九月三〇日から一〇月一日の第三回強制測量阻止闘争において、反対同盟は人糞をビニール袋に詰めた糞尿弾を使用するようになる。農業に馴染み深い糞尿を身体にぬり、測量地点のクイ打ちを阻止したこと（『朝日ジャーナル』一九七〇年一〇月一八日号）や、少年行動隊による同盟休校の穴埋めに各部落で開かれた「農民学校」[89]など、闘争主体としての「百姓」意識はこの時期に同盟全体で育まれた。「百姓の闘い」として三里塚闘争を確立させた反対同盟は、実力闘争におけるピークである強制代執行まで勢いをつけて闘い抜いてゆく。

4　二度の代執行

一九七〇年二月の第一次立入測量において同盟の抵抗を受けた空港公団は、この調査に見切りをつけ、三月三日に土地収用裁決を千葉県収用委員会に申請する。[90]関係書類の縦覧、五回の審理を経て収用委員会は一二月二六日、空港公団から申請のあった土地に対して、空港公団の権利取得時期と明渡しの期限を一九七一年一月三一日と定めた裁決を行なった。[91]土地所有者からは期限までに応答がなかったため、空港公団は友納千葉県知事に強制代執行を要請する。[92]「代執行」とは、明渡しをすべき土地所有者が立ち退かない場合、都道府県知事がその土地、物件の引き渡しを代わりに行なうことができるという委任業務であり、第一次代執行（対象地六カ所）は一九七一年二月二二日から三月一四日までの間に行なわれることとなった。[93]

この代執行に対し反対同盟は、空港公団が代執行対象地に手を出せないようにするため、対象地に地下壕を掘ることを決める。これは、バリケードで囲まれ「砦」と呼ばれるようになる収用対象地点のなかに地下壕を掘って立て籠もる作戦であり、昨年以降、農地を武器として抵抗をつづけた反対同盟は「私どもは六地点の地下壕を守りぬくため、再び、部落総ぐるみ・家族総ぐるみ、闘いぬく覚悟です。農地死守、さあ来い農民魂みせてやる‼」[94]と代執行へ向けて意気込んだ。また、地下壕作戦をとおして、命をかけて土を守る農民対暴力的にそれを取り上げる政府という構図を全国へ訴えた。[95]

第一次代執行阻止闘争においては、地下壕で土のなかへ潜った農民と、地上ではバリケードと立ち木に身体を縛り付けた農民が〈農地死守〉を掲げて闘争を展開した。また、この代執行阻止闘争には多くの支援者が参加し（二月二三日から二五日に約四四〇〇人、三月二日から六日に約二八〇〇人を動員）、大量の角材、竹やり、石塊、火炎ビンが使用されるなど、三里塚闘争のなかでも最大規模の闘争を展開し、多くの負傷者と逮捕者が出た。[96]この過激な実力闘争に対し、県・公団側はブルドーザーやショベルドーザー、放水車などを投入し、木製の砦は大型機械によって破壊されることとなった（『千葉日報』一九七一年三月六日）。圧倒的な機械力の前になす術もなく対象地は収用され（地下壕は除く）、三月六日に代執行の終了が宣言される。残った地下壕も代執行終了後の三月二五日には撤去された（『千葉日報』一九七一年三月二六日。地下壕撤去は空港公団による抜き打ち作業であり、当日は支援者も少なく無抵抗に近い状況で、農民四三名を地下壕から排除した）。

ついで同年九月一六日・二〇日には第二次代執行が行なわれる。第一次代執行より闘争規模が拡大し、一六日の代執行において反対派勢力は三九五〇名を動員して、機動隊と激しい闘争を繰り広げた。[97]青年行動隊、支援学生の実力行使も過激になっていき、この闘争のなかで警察官三名の死亡者を出した（東峰十字路事件）。

また、第二次代執行の焦点の一つに、二〇日に行なわれた大木よね宅の強制撤去がある。第一期工事用地内において最後まで家を手放すことを拒んだ彼女は機動隊の強襲にあい、家屋を取り壊される（『朝日新聞』一九七一年九月二〇日。千葉県は九月二一日からの代執行を予定していたが、急遽予定を変更し、不意をつき支援者の数を減らしたうえで代執行が行なわれた。家屋が強制代執行されたのはこれが初めてであった）。この出来事は、権力の強制力によって生活の基盤を奪われることが現実化したという点で、その後の成田空港反対闘争のシンボルとなる[98]。

そしてもう一つの焦点として、青年行動隊三ノ宮文男の自殺がある。代執行後の一〇月一日、冒頭に「空港をこの地にもってきたものをにくむ」と記した遺言書を残して彼は、部落の産土神の杜で二二歳の命を絶った。青年行動隊のなかでも実力闘争路線に否定的であった三ノ宮は「しかたなかったんだよ。空港などこんな所にもってきたから、まじめにやれば闘わざるをえなかったんだよ。しかし、俺は線が細いから、闘いにたえられなかったんだな。人間なんて弱いもんだよな。〔中略〕もっとも人間らしく生きようと思っている人間がなんで非人間的にあつかわれるのかな。本当に、国家権力というものは恐ろしいな。生きようとする百姓の生をとりあげ、たたきつぶすのだからな[99]」と空港建設を決めた国家権力を恨み、戦争状態になってしまった三里塚闘争と滅んでゆく部落を憂いて抗議自殺した。支援者の動員数や過激な実力闘争の規模などにおいて、三里塚闘争史を画する事件となった一九七一年の代執行阻止闘争は、最も悲惨な結果を残してその幕を閉じた。

（1）運輸大臣綾部健太郎「諮問書（諮問第九号）」一九六三年八月二〇日（新東京国際空港公団20年史編纂

協議会編『新東京国際空港公団20年のあゆみ』一九八七年）一六三頁。
（2）航空審議会委員長平山孝「諮問第九号に対する答申」一九六三年一二月一一日（新東京国際空港公団20年史編纂協議会編、同書、一六三〜一六六頁）。
（3）富里村史編さん委員会編『富里村史　通史編』（一九八一年）九九一頁。
（4）富里村史編さん委員会編、前掲書、九九五〜九九六頁。
（5）「新東京国際空港位置決定に伴う施策について」一九六六年七月四日（新東京国際空港公団20年史編纂協議会編、前掲書、一六七〜一六八頁）。閣議決定には土地の買収価格について定められていないが、『読売新聞』一九六六年七月四日）によると、農地一〇アール当たり平均で一〇〇万円、「騒音対策、職業転換対策、用排水と住民対策は県の要望をほとんどまるのみ」であった。
（6）航空審議会委員長平山孝「新東京国際空港に関する建議」一九六三年一二月一一日（新東京国際空港公団20年史編纂協議会編、前掲書、一六七頁）。
（7）宇沢弘文『「成田」とは何か――戦後日本の悲劇』（岩波書店、一九九二年）七八頁。宇沢は運輸次官の名まで記述していないが、その時期から若狭得治だと推定できる。
（8）芝山町史編さん委員会編『芝山町史　通史編　下』（二〇〇六年）一三四頁。また、「成田市議会臨時会会議録（空港設置反対決議の撤回について）」一九六六年八月（成田市史編さん委員会編a『成田市史　現代編　史料集』一九八四年、六八七〜六九五頁）。
（9）福田克彦『三里塚アンドソイル』（平原社、二〇〇一年）四五五頁。
（10）「友納・若狭協議(3)　事業認定取消訴訟控訴審若狭証言」一九九〇年一一月八日（成田空港問題シンポジウム記録集編集委員会a『成田空港問題シンポジウム記録集〈資料編〉』一九九五年、二二頁）。
（11）隅谷三喜男『成田の空と大地――闘争から共生への途』（岩波書店、一九九六年）一四〜一五頁。三里塚新国際空港設置反対同盟は、その結成時に「われわれは、三里塚は反対が少ないという政府の一方的判断に対し、本大会の事実をもって、絶対反対が大多数であることを表明すると同時に、地元民に他に考える余裕も与えず、最初から反対の意見を押し殺す態度で、閣僚決定を急いで強行する暴挙に対し、政府並びに県当局に大会の名において強く抗議するものである」と宣言した。

（12）成田市史編さん委員会編b『成田市史　近現代編』（一九八六年）七七頁。また、芝山町史編さん委員会編、前掲書、一三四頁。

（13）成田市史編さん委員会編b、同書、八七頁。入植先の十余三《とよみ》区内では、一八七〇年に九六名が入植し農業を始めるが、一九一九年には一八人にまで減少している。

（14）成田市史編さん委員会編b、同書、七八頁。また、芝山町史編さん委員会編、前掲書、一三七頁。明治初期の日本は毛織物の原料である羊毛の供給を輸入に頼っていたが、輸入額が膨大化、国際収支を圧迫していたため、国内で原料羊毛を確保することがめざされていた。これに内務卿大久保利通が取り組み、下総牧羊場の設置が決定する。

（15）成田市史編さん委員会編b、同書、八一～八二頁。綿羊数を減らしながら、経営は牛馬による農耕作に頼るようになっていた。

（16）成田市史編さん委員会編b、同書、八三頁。また、福田克彦、前掲書、三七頁。

（17）芝山町史編さん委員会編、前掲書、一四五頁。

（18）成田市史編さん委員会編b、前掲書、八三～八四頁。また、成田市立図書館編『市民が語る成田の歴史　成田市史叢書第三集』（二〇〇〇年）一～三頁。

（19）成田市史編さん委員会編b、前掲書、五九四頁。

（20）成田市史編さん委員会編b、前掲書、五九五頁。

（21）成田空港地域共生委員会歴史伝承部会編集・発行『空港前景　木の根・天浪の戦後開拓』（二〇〇〇年）八頁。

（22）福田克彦、前掲書、三九頁。

（23）公安調査庁『成田闘争の概要』（一九九三年、千葉市中央図書館所蔵）六頁。

（24）成田市立図書館編、前掲書、二九頁。
（25）芝山町史編さん委員会編、前掲書、六二～六四頁。
（26）芝山町史編さん委員会編、前掲書、一〇二頁。
（27）福田克彦、前掲書、八九頁。
（28）芝山町史編さん委員会編、前掲書、二三五頁。
（29）D・E・アプター・澤良世『三里塚――もうひとつの日本』（岩波書店、一九八六年）四六頁。同箇所には、部落は行政区画として公式な位置を占めるものではなく、複数の部落の集合体として地方自治の最小単位である村が成り立っているとも言及されている。
（30）公安調査庁、前掲書、八頁。
（31）D・E・アプター・澤良世、前掲書、一九二頁。
（32）福田克彦、前掲書、一一八頁。
（33）戸村一作『闘いに生きる――三里塚闘争』（亜紀書房、一九七〇年）二〇九～二一一頁。
（34）D・E・アプター・澤良世、前掲書、五四～五六頁。
（35）D・E・アプター・澤良世、前掲書、五六頁。
（36）千葉県青年団協議会二十年史刊行委員会編『千葉県青年団協議会二十年史』（一九八〇年）四四～四七頁。たとえば、戦後の千葉県では町村青年団の再建が叫ばれ、共通の問題の解決や情報の交換をはかるために、町村青年団の連合組織が求められるようになる。そして一九四七年一月までに千葉県内の郡市で連合青年団が結成されていき、芝山町の属する山武郡は一九四六年に郡連合青年団を組織している。
（37）D・E・アプター・澤良世、前掲書、一九一～一九三頁。また、戸村一作、前掲書、二一〇頁。
（38）島寛征・石毛博道を相手とした聞き取り調査（二〇一二年一一月八日・空と大地の歴史館にて）。筆者は反対同盟の組織構成の変遷について質問した。
（39）のら社同人編『壊死する風景――三里塚農民の生とことば（増補版）』（創土社、二〇〇五年）二四二頁。

（40）のら社同人編、同書、二四四～二四五頁。
（41）のら社同人編、同書、二四七頁。
（42）のら社同人編、同書、二四二～二五三頁。また、公安調査庁、前掲書、一四七頁。
（43）公安調査庁、同右。
（44）のら社同人編、前掲書、一七～二三頁。
（45）のら社同人編、前掲書、二四一頁。
（46）のら社同人編、前掲書、一四八頁。
（47）成田市史編さん委員会編b、前掲書、七九一～七九三頁。また、『千葉日報』（一九六五年一一月一九日）によると、富里案が浮上したとき、社会党は航空公害による住民生活の被害から、共産党は空港が将来軍事目的で使用されることを懸念して反対していた。
（48）宮本忠人「三里塚空港反対闘争の現状と課題」（日本共産党千葉県委員会「新空港（成田）建設闘争記録集」編集委員会『新東京国際空港（成田空港）建設闘争記録集』二〇〇八年）二〇～三〇頁。初出は日本共産党『前衛』（中央書籍、一九六八年五月号）。
（49）成田市史編さん委員会編b、前掲書、七九一頁。一坪共有化運動は三三カ所、所有者約一三〇〇名にまで拡大し、共有者には社会党議員などが名を連ねた。
（50）財団法人航空科学振興財団歴史伝承委員会編集・発行『土・くらし・空港――「成田」四〇年の軌跡1966-2006』（二〇〇六年）二四頁。
（51）土地収用法は第一条と第二条において法の目的と土地収用について規定している。
第一条　この法律は、公共の利益となる事業に必要な土地等の収用又は使用に関し、その要件、手続及び効果並びにこれに伴う損失の補償等について規定し、公共の利益の増進と私有財産との調整を図り、もって国土の適正且つ合理的な利用に寄与することを目的とする。
第二条　公共の利益となる事業の用に供するため土地を必要とする場合において、その土地を当該事業の用に供することが土地の利用上適切且つ合理的であるときは、この法律の定めるところにより、これを収用し、又は使用することができる。

（52）日本共産党遠山支部・日本共産党芝山支部「空港絶対反対・民主勢力との団結の基本方針をかたく守り勝利をめざし前進しよう」一九六七年一一月二〇日（『新東京国際空港関係資料（ビラ）1967年～1971年№1』千葉県立図書館所蔵）。

（53）大嶽秀夫『新左翼の遺産――ニューレフトからポストモダンへ』（東京大学出版会、二〇〇七年）八～九、一三～一八頁を参照。

（54）小熊英二『一九六八〈上〉若者たちの叛乱とその背景』（新曜社、二〇〇九年）一六七頁。

（55）高沢皓司・高木正幸・蔵田計成『新左翼二十年史――叛乱の軌跡』（新泉社、一九八一年）八四～八六頁。第一次羽田闘争では「ジュラルミン盾と棍棒といった権力＝機動隊」を突破するために攻撃的武装が選びとられた。

（56）全学連現地闘争本部「特集　写真で見る三里塚闘争十年の歴史」（『日刊三里塚』千葉県立図書館所蔵）。

（57）全学連委員長秋山勝行「成田市民の皆さん　ともに空港建設を阻止しよう！」一九六八年三月九日（『新東京国際空港関係資料（ビラ）1967年～1971年№1』千葉県立図書館所蔵）。

（58）公安調査庁、前掲書、一五〇頁。

（59）「条件派四団体との調印について」一九六八年四月一二日（新東京国際空港公団20年史編纂協議会編、前掲書、一九一頁）。また、反対同盟「三里塚略年表」（成田空港問題シンポジウム記録集編集委員会a、前掲書）一六頁。土地価格は畑一反当たり一四〇万円とされた。

（60）福田克彦、前掲書、一四二頁。

（61）連合反対同盟青年行動隊「青年戦線№1」一九六九年八月一日。また、同「青年戦線№3」一九六九年九月七日（共に、空と大地の歴史館所蔵）。

（62）磯貝正義・飯田文弥『山梨県の歴史（県史シリーズ19）』（山川出版社、一九七三年）二六四頁。

(63)山梨県編『山梨県史――通史編6　近現代2』(山梨日日新聞社、二〇〇六年)六一六～六一七頁。
(64)「富士演習地拡大反対の陳情書」一九五二年五月二六日(山梨県編『山梨県史――資料編15　近現代2』山梨日日新聞社、一九九九年、一〇一三～一〇一四頁)。
(65)「忍草区長、忍草部落入会慣行証明願、知事証明」一九五三年二月一六日(山梨県編、同書、一〇一九頁)。忍野村は忍草村と内野村が合併してできた村である。
(66)福田克彦、前掲書、一三七頁。
(67)戸村一作、前掲書、二一六～二二二頁。
(68)福田克彦、前掲書、一三八頁。
(69)のら社同人編、前掲書、三〇五～三〇九頁。
(70)のら社同人編、前掲書、三三三～三三四頁。
(71)三里塚芝山連合反対同盟代表青年行動隊「闘争宣言」一九六九年九月二八日(成田市史編さん委員会編a、前掲書、七一四～七一五頁)。
(72)福田克彦、前掲書、一四七頁。
(73)空港反対同盟青年行動隊「青年戦線№.5」一九六九年一二月(空と大地の歴史館所蔵。五頁)。
(74)新東京国際空港公団総裁今井栄文「事業認定申請書」一九六九年九月一三日(新東京国際空港公団20年史編纂協議会編、前掲書、一九三頁)。土地収用法第一六条には「事業のために土地を収用しようとするときは、事業の認定を受けなければならない」と規定されている。
(75)建設大臣坪川信三「建設省告示第三八六五号」一九六九年一二月一六日(新東京国際空港公団20年史編纂協議会編、前掲書、一九三頁)。
(76)三里塚芝山連合空港反対同盟青年行動隊「青年戦線№.7」一九七〇年二月一〇日(空と大地の歴史館所蔵。二頁)。
(77)三里塚芝山連合空港反対同盟「同盟休校に関する宣言」一九七〇年二月一六日(成田空港問題シンポ

ジウム記録集編集委員会a、前掲書、三三頁)。

(78) のら社同人編、前掲書、一四八～一五一頁。

(79) 三里塚芝山連合空港反対同盟青年行動隊「青年戦線No.7」一九七〇年二月一〇日(空と大地の歴史館所蔵。二頁)。また、福田克彦、前掲書、一四七頁によれば、一九六九年一一月一二日の逮捕に関して青年行動隊は、中郷部落の婦人たちに「他所(空港公団)の名義となった土地に入りこんで坐り込みやっても、捕まるのは当たりまえだ」と批判を受けていた。

(80) 福田克彦、前掲書、一五五頁。

(81) のら社同人編、前掲書、一九七～一九八頁。

(82) のら社同人編、前掲書、一四八～一四九頁。

(83) 三里塚芝山連合空港反対同盟青年行動隊要塞建設委員会「農地死守〈土〉を武器として権力と対決する!」一九七〇年四月下旬(『新東京国際空港関係資料(ビラ)1967年～1971年No.1』千葉県立図書館所蔵)。

(84) 三里塚空港粉砕青年行動隊「青年戦線No.9」一九七〇年七月五日(空と大地の歴史館所蔵。二頁)。また、のら社同人編、前掲書、一九九頁。

(85) のら社同人編、前掲書、二〇三頁および三六二頁。

(86) 三里塚空港粉砕青年行動隊「青年戦線No.9」一九七〇年七月五日(空と大地の歴史館所蔵。一頁)。

(87) のら社同人編、前掲書、二〇九～二一三頁。

(88) のら社同人編、前掲書、三六二頁。

(89) 三里塚芝山少年行動隊『戦うぼくらの砦』(合同出版、一九七一年)一九一～一九八頁。農民学校では支援者である学生や他地域の教師が指導にあたり、同盟休校による勉学の遅れを補った。計画から実行まで少年行動隊の自主性に委ねられた教育が行なわれた。

(90) 新東京国際空港公団総裁今井栄文「裁決申請書」一九七〇年三月三日(新東京国際空港公団20年史編

纂協議会編、前掲書、一九三～一九四頁)。

(91) 千葉県収用委員会「裁決書」一九七〇年一二月二六日(新東京国際空港公団20年史編纂協議会編、前掲書、一九四頁)。

(92) 新東京国際空港公団総裁今井栄文「代執行請求書」一九七一年二月一日(新東京国際空港公団20年史編纂協議会編、前掲書、一九四頁)。

(93) 千葉県知事友納武人「代執行令書」一九七一年二月一六日(新東京国際空港公団20年史編纂協議会編、前掲書、一九五頁)。土地収用法第一〇二条二第二項は「土地若しくは物件を引き渡し、又は物件を移転すべき者がその業務を履行しないとき〔中略〕は、都道府県知事は、起業者の請求により、行政代執行法の定めるところに従い、自ら義務者のなすべき行為をし、又は第三者をしてこれをさせることができる」と定めており、代執行はこの規定に基づいて行なわれた。

(94) 三里塚芝山連合空港反対同盟「代執行について　空港反対同盟によるビラ」一九七一年二月(成田市史編さん委員会編a、前掲書、七二四頁)。

(95) 三里塚芝山連合空港反対同盟「第一、第六地下壕すわり込みについて　反対同盟によるビラ」一九七一年三月六日(成田市史編さん委員会編a、前掲書、七二五頁)。

(96) 公安調査庁、前掲書、二〇頁。また、『千葉日報』(一九七一年三月六日)によれば、三月五日の攻防で初めて火炎瓶が使用された。

(97) 公安調査庁、前掲書、二二頁。

(98) 島寛征「三里塚闘争の底を流れるもの」(米田綱路『抵抗者たち――証言・戦後史の現場から』講談社、二〇〇四年、一六七頁)。

(99) 「三ノ宮文男君の遺書」一九七一年九月三〇日(成田空港問題シンポジウム記録集編集委員会a、前掲書、四九～五一頁)。

第二章　三里塚闘争の停滞と支援団体の動き

第1節　運動の停滞

1　鉄塔建設と東峰十字路裁判

第一次代執行後の一九七一年五月一二日、反対同盟はA滑走路南端から約一〇〇〇メートルの位置（芝山町岩山の反対同盟所有地）に高さ三〇メートルの第一鉄塔を建て、一九七二年三月二七日にはA滑走路南端から約七六〇メートルの位置に高さ六二メートルの第二鉄塔を建設した[1]。これは航空機の離着陸を妨害することを目的に建てられ、とくに高さのある第二鉄塔は集会やデモの集合場所として利用されるなど、闘争のシンボルとして位置づけられていた。開港は、後述のとおり燃料輸送用パイプライン建設の遅れで延期となったのだが、反対同盟は「大鉄塔があるかぎり開港できない」という認識に立っていた[2]。

また、第二次代執行において新左翼諸セクトと反対同盟青年行動隊で編成された約五〇〇名が角材、竹やり、火炎瓶などで神奈川県警の機動隊を襲撃し、三名の警官を死亡させた東峰十字路事件について、一九七一年一二月八日から青年行動隊を中心に逮捕が繰り返される。翌年九月一六日まで一五次にわたる逮捕が行なわれ、連行された者のほとんどが別件を理由に二回、三回と身柄を拘束された。最終的に青年行動隊は三二名が凶器準備集合罪、傷害、傷害致死などの容疑で起訴となり、「同盟の各部落では大きな柱をもぎとられたかっこうになった」。(3)

警察側は、一九七一年一二月八日から翌年一〇月まで青年行動隊を中心に約一〇〇名を逮捕し、五七名を起訴する。一九七二年一二月一二日、起訴された五七名は統一被告団を結成し、第一公判に臨んだ(その後病気により一名、失踪宣言により一名離脱)。(4) しかし、獄中において一人一人孤立させられた青年行動隊の多くが高圧的な尋問に耐えられず、検察の意向に沿ったかたちの自白をし、それをもとにした供述調書が作成される。(5) 弁護士側は、青行隊が取り調べの過程で行なった多くの嘘の自白を覆すために、凶器準備集合罪や公務執行妨害罪を認めることで、冤罪の焦点となる傷害・傷害致死の無実を晴らすという方向を提案し、被告団は全員が公判廷においてみずからの行動を供述することに合意した。(6) これ以降、月に一回のペースで法廷があり、青年行動隊は一四年にわたる東峰十字路裁判を強いられる。

2　燃料輸送パイプライン建設の遅れ

一九七一年八月一九日、空港公団はジェット燃料輸送のパイプライン埋設計画を正式に発表する。(7) 燃料は、千葉中央港に建設された貯油タンク群から千葉市内を通過し、東関東自動車道を成田方面へ向かって、空港資材輸送道路を経て空港に達するという全長四四キロメートルのパイプライン計画であった（図6）。しかし、千葉市内における着工に対し、パイプライン輸送の安全性を疑問視した沿線住民が反対運動を行なったことで、千葉市住民には裁判でパイプライン工事の是非を問うことができるという当事者適格が認められた[8]。安全性の問題は本訴訟に委ねられることとなったため市道部分の工事は中止されたままとなり、パイプライン工事は大幅に遅れることとなった。

一九七二年八月三日、空港公団は運輸省に「四七年内の開港は困難」と報告したことに対し、運輸省は一九七三年三月の開港を指示し、パイプライン完成までの暫定措置として国鉄とタンクローリーの代替輸送による燃料確保を指示した[9]。この暫定措置は、千葉県市原市および茨城県鹿島港から成田市の資材取卸場までを鉄道輸送とし、そこから空港内まで（八・二キロメートル）はタンクローリーで運ぶというものだった[10]（図7）。

暫定措置における燃料の鉄道輸送は京葉、鹿島の両臨海石油基地から、臨海鉄道と国鉄総武線、成田線、鹿島線などを経由して成田まで輸送する計画であった。しかし、これも鉄道沿線の住民から反対の声が上がり、鹿島ルートにあたる神栖町議会、鹿島町議会は反対決議を採択（一九七三年六月、八月）、京葉ルートでも市川市、船橋市、習志野市の三市長が輸送反対の共闘を表明し（一九七六年一〇月）、航空燃料貨車輸送は自治体・住民両者からの反対を受けることとなった[11]。

また、タンクローリー輸送に対しては成田市で反対運動が起こり、一九七二年九月二〇日に成田市議会全員協議会もタンクローリー輸送絶対反対の統一見解を発表し、空港公団は資材取卸場から空港までの八・二キロメートルを暫定パイプラインにすると言明した[12]。暫定パイプラインに対してはその後も反対の声が上がり、成田市へ暫定パイプライン埋設のための「市道占用許可

図６　パイプラインルート図

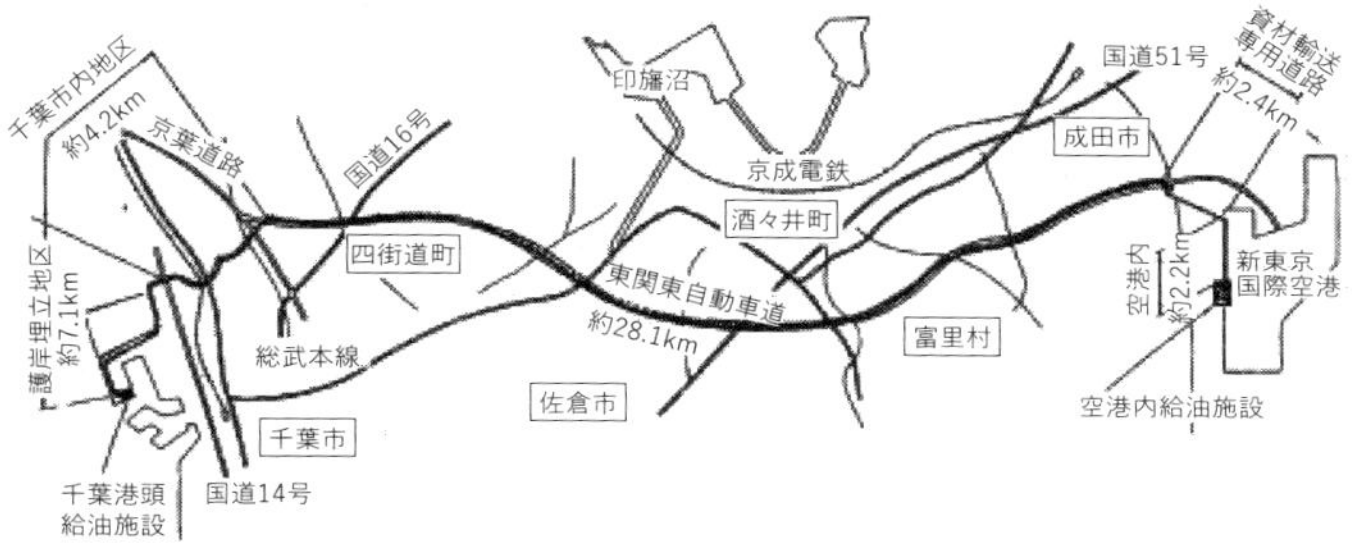

（出所）新東京国際空港公団20年史編纂協議会編『新東京国際空港公団20年のあゆみ』（1987年）201頁。

図７　航空燃料暫定輸送鉄道ルート略図

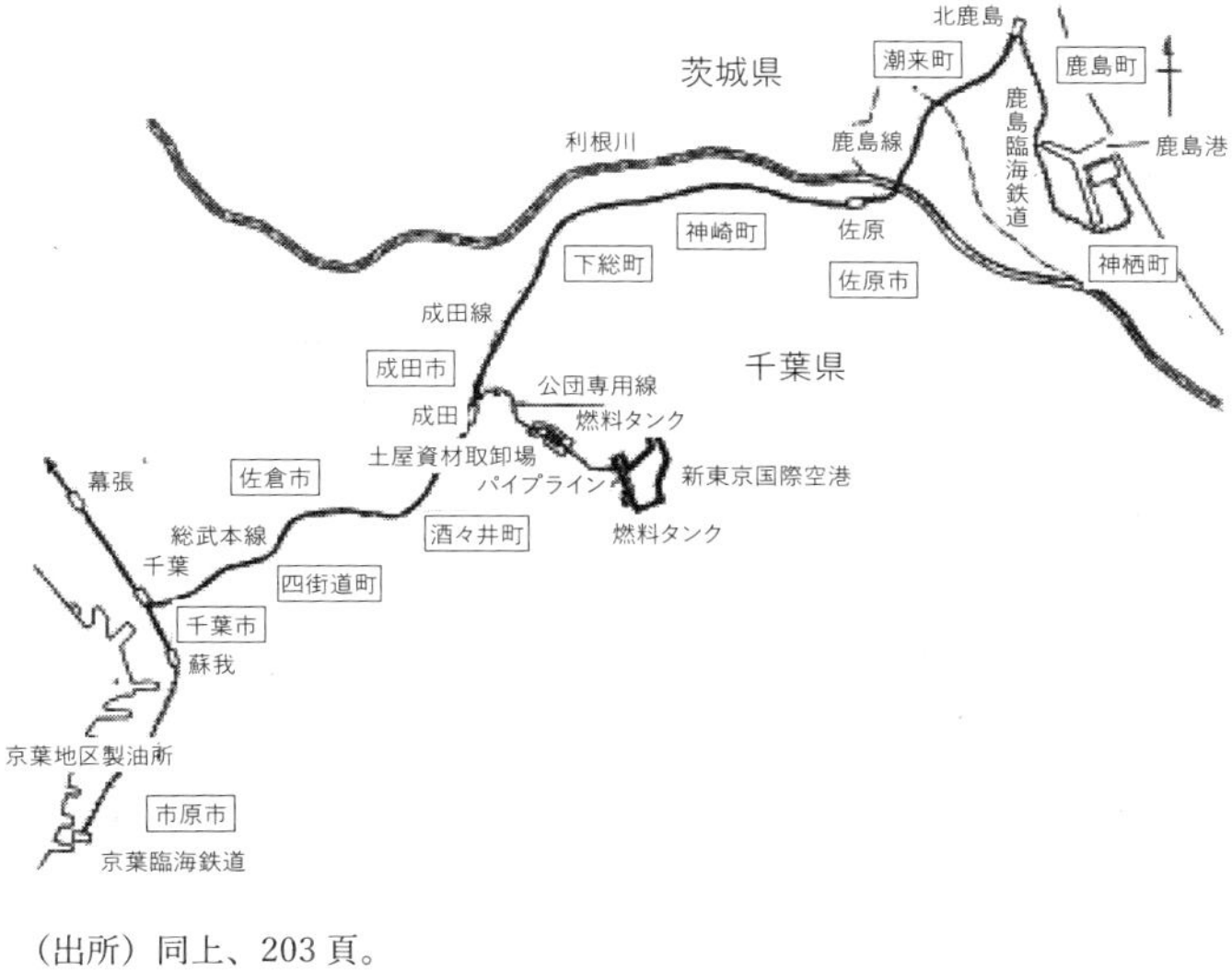

（出所）同上、203 頁。

願」を提出していた空港公団が、その許可を得てパイプライン埋設工事に関する協定を結んだのは一九七三年五月二六日のことであった。

しかし、一九七四年一月から本格的に着工されたパイプライン埋設工事は、工事による湧水現象、水の汲み上げが付近の井戸水や水脈に影響を与えたこと、土壌凝固剤の安全性に対する疑問が出されたことなど、さまざまな問題を起こし、中止を挟むなど難航した。結局、暫定パイプラインが完成したのは一九七五年四月七日、市消防本部の検査を受けたのは一九七七年七月一日であった。また、公団および国鉄が踏切の改善、立体交差化、化学消防車の配備、列車騒音・振動の防止措置など細かい地元対策を提示して貨車輸送に関する沿線自治体すべての同意を得たのは一九七七年九月一四日のことだった。

こうしたパイプライン建設の遅延により、空港公団は開港できない状態に追い込まれていた。一方、反対同盟も青年行動隊の逮捕により打撃を受けて運動は停滞し、また代執行阻止闘争で実力闘争路線が過激化するなかで同盟員数は減少傾向にあった。空港予定地の反対派農家は、反対同盟結成時の三二〇戸から一九七一年の代執行前後には四五戸に、一九七六年には二三戸にまで減少していた。[13] さらに、激しさを増してゆく闘争の長期化は、現地の農民の精神面にも重くのしかかるようになっていた。[14]

第2節　戸村一作反対同盟委員長の選挙戦

1　出馬までの経緯

前述のように闘争が膠着状態となったなか、反対同盟は三里塚闘争の支援を訴え空港反対勢力を拡大するために、一九七四年七月の参議院選挙（全国区）に戸村一作反対同盟委員長を立候補させた。これに至る経緯には、一九七三年八月、みずからの労組委員長が病いで倒れたため参院選の立候補者を立てることができなくなった三菱重工長崎造船労働組合から戸村一作への出馬要請があり、同年一〇月に反対同盟はこれを受諾・決定する。(15)

このとき、急速なインフレの進行に対し長崎造船労組は連続的な実力闘争方針をめざしており、「革命的な労働者と農民、そして広範な住民、市民、学生戦線などの力強い共同候補として、この戦いの先頭に立っていただけるのは、六七年以降日本階級闘争の最先端をきりひらき、（中略）実力闘争の資質をかちとってきた、三里塚の同志たちにお願いする以外にないと考え(16)」、反対同盟に立候補を要請する運びとなった。対して、議会・政党に対する不信感が強かった反対同盟陣営であったが、選挙戦をとおして全国的に三里塚闘争をアピールできる機会と捉え、この要請を承諾する。(17)なお、同盟の決定を覆すものではなかったが、青年行動隊は選挙戦の重要性が反対同盟内部から生まれたものではない点、議会主義に対する懐疑からこの選挙戦には反対の立場をとった。(18)

一方で一九七四年一一月には、選挙戦を支援する組織として東京大学助手の宇井純、立正大学教授の浅田光輝、べ平連代表の小田実ら知識人・文化人の呼びかけで「三里塚闘争と戸村一作氏に連帯する会」（以下、連帯する会と略す）が発足する。[19] 反対同盟、三里塚闘争と戸村一作氏に連帯する会、戸村一作の連名で出された「共同闘争宣言」では、空港の実力粉砕、インフレと公害の田中角栄自民党政府打倒、安保粉砕・日本帝国主義打倒、大衆的実力闘争路線の堅持、議会主義の否定など、空港建設反対を超えて幅広い運動目標が掲げられた。[20]

2 「三里塚闘争と戸村一作氏に連帯する会」の活動

議会主義を否定し、実力闘争路線を堅持した「三里塚闘争と戸村一作氏に連帯する会」は、全国区の選挙に向けて労働運動や反公害運動、婦人運動といった各運動が各地域別に選挙対策委員会（地域別連帯する会）を組織する方針をとった。[21] 東京には全国の連帯する会を結合する中央事務所が置かれ、各地域における組織化は自主的に行なわれた。たとえば神奈川県の場合、造船、自動車、国鉄、官公労などの労働者が集まり、一九七四年一月一一日に「連帯する会神奈川労働者委員会」を結成、二月には県下を七地区に分けて組織することが決められている。[22] 連帯する会の結成は拡大し、事務所は全国三七都道府県に置かれ、地域ごとに討論誌の発行やカンパ集めなどの活動を行なった。[23]

戸村一作をはじめとする反対同盟幹部職は七月の選挙に向けて、全国の連帯する会への講演会をもち、三里塚闘争の全国的なアピールに取り組んだ。戸村は住民運動を一地域住民の利害関係の問題としてではなく、住民の生活を脅かすその元凶を国家独占資本、日本帝国主義に求めるという立場から、三里塚闘争と労働者・市民との連帯を訴えた。[24] これに共鳴する諸戦線からの支持を受けて、戸村一作は二三万〇四〇七票を得たものの、選挙結果は立候補一一二人中七五位で落選する。その後、戸村一作を推薦・支持した連帯する会は「三里塚闘争に連帯する会」と改称して組織を存続することを決めたが、[25] 一九七六年の再建に至るまでめだった活動は行なわれなかった。

3　知識人・文化人の取り組み

戸村一作と三里塚闘争に連帯する会は、「労働者は企業をのっとる」「農民は大地を奪いかえす」「漁民は海を奪いかえす」「消費者は流通機構をのっとる」といった運動スローガンを掲げており、多様な運動を合流させようとする意識が見受けられる。[26] そして、その中心には連帯する会および以下で扱う三里塚「廃港」要求宣言の会に属する知識人・文化人の自覚的な取り組みがあった。

戸村一作が選挙活動に取り組んでいた一九七四年三月三〇日、「ベトナムに平和を！　市民連合」（以下、ベ平連と略す）に取り組んだ小田実、福富節男らと戸村一作などの呼びかけで「くらしを奪いかえせ――世直し大集会」が開かれる。小田実はこの集会の主旨を語るなかで知識人の役割について述べている。

「あるべき世の中のイメージを考えるときでも、社会主義だとか、資本主義だとか名前で考えるのではなく、別の発想に立ったほうがよい。各個人個人のそれぞれ胸の中には、あるべき世の中の姿が漠然とあると思う。〔中略〕それにどんな名前をつけようとも、みんなのもっているイメージを連合させるということが、必要だと思うんです。そこで初めて我々がめざす理想の世の中のイメージが出てくると思う。このあるべき世の中のイメージを自分たちで見つめて、それを総合させる、それを理論化したり、体系づけたりするのは知識人、インテリと呼ばれる人の役割であろう。その第一歩として『世直し』が必要だと考えている人がいっぺん集まろうではないか、あるべき世の中を自分の胸に問うてみて、出し合い、連合させる機会をつくろう」[27]。

また、政府の岩山大鉄塔撤去の動きに対し、一九七六年春頃からは「関西三里塚闘争に連帯する会」の上坂喜美を代表に、「三里塚闘争に連帯する会」の再組織化が行なわれ、同会は戦線の拡大と現地闘争への集中を戦術の基本として、廃港をめざす活動に取り組んだ[28]。さらに、同年五月には知識人・文化人を結集して空港反対の世論喚起を行なう運動も始まり、六月に前田俊彦を代表とする「三里塚『廃港』要求宣言の会」(以下、「廃港」要求宣言の会と略す)も発足する[29]。同会の事務局長はルポライターの鎌田慧が務め、主にべ平連の活動に関わった人物関係によって組織された[30]。

東峰十字路事件の影響で闘争が停滞しつつあったことと、鉄塔撤去の動きにより開港が現実味を帯びてきたことを受けて、全国の社会運動を三里塚闘争へ連帯させる動きが生まれ、三里塚闘争の宣伝は連帯する会と「廃港」要求宣言の会によって担われた[31]。両組織の取り組みにより、三里塚の集会には全国各地の反公害グループや住民運動を行なっている人たちが参加するようになった[32]。

4　支援者の意識——前田俊彦を一例に

「廃港」要求宣言の会代表の前田俊彦は、一九〇九年に福岡県鞍手郡宮田町で生まれ、戦前は東京で労働運動、大阪で共産党再建運動に取り組み、戦後には実家のある福岡県京都郡延永村の村長を務めた人物である。一九六六年にはべ平連の東京事務所を初めて訪れ、以後小田実、開高健、鶴見俊輔らと活動を共にし、一九七〇年頃から三里塚闘争に関わりはじめ、一九七六年三里塚「廃港」要求宣言の会発足に伴って三里塚に移住した。前田は三里塚闘争へ参加したときのことを「開発ということは、国内に対する侵略であると。侵略にも経済的なものなどさまざまあるけれど、土地の収奪ということでは、まったく不意打ちに侵略を開始したわけであって、これは許しがたいと思った。こういうことは今後も起こるだろうが、ここで闘わなければいかんのだというのが私のそのときの考えだったねえ。ここを防ぎ止めなければ、止めどのない国内侵略、そして農村の崩壊・滅亡が見えるようになったから、三里塚へ行ったわけです[33]」と語る。

みずからの村長経験から権力者の権限の強さに自覚的であった彼は、徹底的な主権在民や権力統治機関の否定（前田は統治機関の存在しない共同社会を「里」と名づけた）などを主張しており、無政府主義に近い思想的立場をとった[34]。「抑圧があればそれに抵抗するということこそが正常であって、抑圧があって抵抗がないということは、それこそが不正常な状態」と説き、抑圧に対して実力をもって継続的に立ち向かう三里塚闘争を評価していた[35]。

また、戦線の結集をはかるさい、前田は労働運動・住民運動に対して、「要求」貫徹の闘いではなく、自由と平等の「主張」によって戦うことを強調した[36]。「要求」は個別的な内容となる意味合いに対し、「主張」には「われわれはここにおいて生きる自由があり、そしていかに大資本や国家権力といえども対等互角であり、われわれの対等の立場を認めろ[37]」という正当性があるという持論を展開し、権力に対する人間の権利の主張によって人びとの「共鳴」を呼ぶ闘いを組むことをめざした。三里塚闘争がもつ、この主張の具体的な内容を前田は別のところで著している。少し長くなるが、その箇所を引用する。

「同盟員の一人が私につぎのようなことをいったことがある。〝空港公団が、われわれは三里塚に飛行場をつくってもうけたいとおもうから、土地をゆずってくれまいか、という相談をもちかけられたのなら、同盟の百姓たちは話にのったかもしれない〟と。〔中略〕人間平等を要求するこのような主張は単に一人の同盟員によってなされるのではなく、空港建設に反対する全同盟員の思想的根拠である。すなわち〝俺たち三里塚芝山の百姓を虫けらあつかいにするな〟ということが反対同盟の主張であるといってよく、まさにそれは日本の人民全体にとっても国家権力に対する根源的主張にほかならない。〔中略〕そしていま三里塚の百姓たちは、政府・公団からの執拗な攻撃とたたかい、同時に百姓が農業する自由奪還のために必死の悪戦苦闘をつづけている。〔中略〕生産者が生産をする自由奪還のたたかいとは、単に百姓のたたかいであるにとどまらず、まさに階級闘争そのものであるといってさしつかえない[38]」

前田は三里塚闘争から国家権力と国民の関係における「平等」と、生産活動の決定権における生産者の「自由」の概念を抽出し、運動に普遍性をもたせようとした。とくに後者は、資本と権力を相手とした労働者の手による奪権闘争として展開することを支援者へ訴え、資本主義打倒の論理として位置づけられていた。

5　戦術面における新左翼運動との類似性

連帯する会と「廃港」要求宣言の会は、支援党派に属さない者が三里塚闘争へ関われるように現地の宿泊所として「三里塚闘争連帯労農合宿所」を開設するなど、党派性にこだわる運動のあり方を否定した点（市民運動的組織原理）が他の支援団体と異なる点であった。こうした運動の影響で、一九七七年四月一七日に行なわれた鉄塔の仮処分申請に抗議するデモには全国各地から一万人を超える人びとが集まり、三里塚闘争史上最大の動員を記録することとなる（『読売新聞』一九七七年四月一八日）。また、この日のデモでは市民団体や労働運動組織など、セクトには無関係な市民が初めて新左翼系の支援学生の数を上回った（『東京新聞』一九七七年四月一八日）。

本節が述べてきたように、連帯する会と「廃港」要求宣言の会、これらの運動の中心にいた知識人・文化人らは、特定の地域利害や個別問題からトータルな社会システム全体の変革へ挑戦しようとしていた。三里塚闘争を中心に権力を打倒すべく全国の社会運動を結合しようと試みたこの活動は、三里塚現地への動員増加という成果を挙げたが、権力の侵犯に対する実力的な抵抗のみを戦術とし[39]、政府に空港計画の撤回・凍結を迫る交渉、すなわち個別的な問題解決への対処の途が検討されなかった点において限界があったといえよう。

また、同時代に住民運動研究が課題に挙げた、町づくりや環境保護といった総合的な要求設定や、地域の生産活動を視野に入れた代替案の提示という方法はとられず、実力闘争路線や戦線の強化を提唱した点は、住民運動・労働運動へ進出した新左翼運動の影響を反映したものであったと考えられる。一九七九年八月一七日の朝日新聞は、大学闘争・全共闘運動以降低迷をつづけた新左翼運動が住民・労働運動へ浸透しはじめていることを指摘しており、住民運動の運動形態が陳情型から攻撃型へ先鋭化したことに対して、「『三里塚を全国へ』が一つの合言葉で、成田闘争が各地の住民運動に及ぼした影響は大きい」と評している（『朝日新聞』一九七九年八月一七日）。同時に同記事は、住民の不満に応えない企業・行政に対する住民の怒りと新左翼の実力闘争路線が融合した場合、運動の解決が困難化することもすでに指摘していた。知識人・文化人主導によるこの運動は、一九七八年に空港が開港し、戸村一作反対同盟委員長の死去、一九八三年の反対同盟分裂を受けて規模が衰退してゆく。(40)

第3節　有機農業の実践とその支援者

1　有機農業の導入

第二次代執行後、青年行動隊を中心に有機農業を試みる動きが始まる。これは、木材のこくずやカンナくずを主体に、牛・豚・鶏の糞、落花生の殻や籾殻などを混ぜ、約半年かけて発酵させた堆肥を基礎に農業を行なうというものであった。

有機農業は一九七〇年四月、支援者である平野靖識と松本由紀子、青年行動隊の柳川秀夫が茨城県の有機農場を訪問・見学したことを契機に三里塚へ伝わってくる。福田克彦の著書がその導入過程を詳細に描いているが、このときの関心は長期闘争に耐え抜く生産基盤の強化という観点から、化学肥料より安くかつ地力を再生できる堆肥づくりに置かれていた[41]。しかし、代執行阻止に向けて実力闘争が激しさを増してゆく時期において、有機農業は注目を集めず、堆肥づくりも進展せずに終わる。

第二次代執行後、平野と松本は代執行によって家屋を収用された者の生活を支える目的で、三里塚で栽培した野菜を闘争の支援者へ直接販売することを提案し、取り組んでいた[42]。支援者に対する野菜の直販はここから始まっており、生産者と消費者がおたがいの信頼関係によってつくりあげる流通システム(「産消提携」)によって野菜は出荷された。のちに青年行動隊によって担われる有機農業と産地直送は、こうした支援者の試みから持ち込まれたのであった。

さて、三里塚現地の農民の手による有機農業の堆肥づくりは一九七二年三月、反対同盟の堀越昭平が茨城の農場見学に参加したことで大きく前進していく。見学後、一人で堆肥づくりに取り組んだ堀越は、獄中の青年行動隊に堆肥づくりの本を差し入れ、青年行動隊の保釈後は有機農場へ研修に行くなどして有機農業の実践と普及に努めた[43]。そして、一九七四年に「微生物友の会」(堀越昭平代表、一九七六年に「三里塚微生物農法の会」へ改称)が六戸の会員によって発足し、同会の会員は空港用地内農家を中心に増えてゆく(一九八一年には一七戸)。一九七〇年代半ばから後半にかけて、三里塚の有機農業生産者団体は流通ルートや得意品目別に分化し、有機農業の取り組みは古村である芝山町や周辺地域の山武町、大栄町にも波及した[44]。

青年層が逮捕され、「残された年寄りだけでは農業はやっていけねえ」という危機感から堀越は、

「空港反対闘争をさらにねばり強くつづけるためには、農民が農業で生きていける強い基盤をもつことが必要である」という意識をもち、有機農業に取り組み始めた(『産経新聞』一九七六年一月六日)。そこに、代執行をめぐる実力闘争の過程で「土」や「百姓」という言葉にたどりつき、「農業を破壊して空港がつくられようとしていること」に問題意識を立て、空港反対闘争における農業の位置づけを考え始めていた青年層が手を結んだ(45)。

しかし、堆肥づくりから始める有機農業は、多大な労働力と生産費を要すること、完成した無農薬野菜は見てくれが悪いため市場では安い値段になってしまうことなどから、周囲の理解はなかなか得られなかった。三里塚微生物農法の会は珍しさの範疇にとどまり、約一〇年で反対同盟約二〇〇軒のうち一七軒の農家を組織したにすぎない、完全な少数派だった(46)。

そのなかでも青年行動隊が、空港に反対する理由として百姓としての自己の存在を対置し、有機農法の実践に反対闘争を具現化しはじめた点に注目すべきである。青年たちのなかには空港建設と近代農法の論理を同等とし、それに打ち勝つ論理として有機農業を位置づける者も現われ(47)、政府の推進する近代農法を拒むこと、そして「政府の、権力の、一切の権力から断ち切った所で、みずからの生産や生活ができるという構造(48)」を、化学肥料を使わない有機農業の実践によってめざす意識が生まれていった。空港に反対しつづけ、運動を持続するためには農業による生計維持、生産基盤の強化が必要であるという考えに、権力と闘う農業の確立という意味付けが加えられ、現地農民の手による有機農業は取り組まれた(49)。空港反対の主張として「軍事空港反対」といった外来的な反対主張ではなく、住民独自の主張が萌芽した点で特徴的な動きであったといえる。

2　ワンパックグループ

「土づくり」と「闘いづくり」を同列で考えた有機農業の実践に基づいて「三里塚微生物農法の会」では共同作業による堆肥づくりが行なわれた。ここで注目すべきは、共同で堆肥をつくることをとおして、青年たちは空港に反対する者同士の絆を追求した点である。[50]その背景には、一九七六年四月、反対同盟副委員長であった瀬利誠が空港公団へ土地を売却した事件が関係していた。

瀬利誠は芝山反対同盟の委員長でもあり、反対同盟から要請を受け一九七六年二月には芝山町議選に立候補し当選するなど周囲からの信頼も厚い人物であったが、当選より前の一九七四年二月に火事で自宅・作業小屋のすべてを消失したこともあって、一九七五年一二月には団結小屋や公民館に提供している部分を除くすべての土地を空港公団に売却していた。このことが新聞報道によって明らかとなり、反対同盟は瀬利に対し除名処分を下す。[51]土地売却の理由は、闘争をつづけることによって農業の仕事に余裕がなくなり「これ以上、家族に迷惑をかけられない」というものであった。[52]

反対同盟の記者会見場で瀬利が残した「反対同盟は私の悩みをどんなことでも受けとめてくれたことがあっただろうか」という言葉を島寛征は重く受け止め、「土地を守る」という決意や信頼によってのみ成立し、農民相互の生活保障態勢が不在だった反対同盟のあり方を考え直す。[53]闘争からの脱退者を防ぐためには私有制に基づく自営農民の労働のあり方から脱却し、生産や労働、土地利用も含めて共同的な関係を築くことの必要性を青年行動隊の島寛征や小泉英政は感じはじめる。[54]

この意識のもとで、一九七六年には「三里塚微生物農法の会・ワンパックグループ」（以下、ワンパックと略す）という有機野菜の直販組織が発足する。[55]パック（コンテナ）詰め野菜を首都圏各地に形成された配送拠点へ定期配送するワンパックは、生産者がおたがい七反歩の農地を出し合い収穫物を共同出荷した点、労働力は通常三夫婦六人で仕事はすべて共同作業とした点などにおいて、共同の堆肥づくりが示した共同性の志向をさらに追求した組織であった。[56]

また、ワンパックは闘争の支援をとおして結びついた消費者会員と共につくりあげられた側面が非常に強い。パック野菜が配送される拠点の形成と地域ごとの消費者グループの組織化は拠点責任者となった消費者会員によって担われており、農地管理や作付けといった運営事項も毎年開催される総会において消費者との話し合いで決められた。さらに一九八〇年の総会では、生産者農地の全面共有化と同時に、コンテナ一ケースの価格を野菜の多少にかかわらず定額とすることも決められた。これは無農薬の原則維持に付随して起こる不作時のリスクおよび生産者の生活保障を消費者が負担することを示していた。[57]

瀬利誠の脱退で表面化した「生活の保持」と「孤立する主体」という課題に対する対処の糸口として「みんなで共同の仕事をやんなくちゃしょうがない」「おたがいの生活のなかに入り合うなから、闘いやすい方法をさぐっていこう」[58]という意識とともに始まったワンパック運動は、空港と闘う農民の絆を創出するにとどまらず、消費者をも含んだ闘争生活の保障体制へと発展していった。

3　ワンパック野菜の消費者

一九七六年に発足したワンパックは、その後規模を拡大していき、一九七八年に石井新二・順子夫妻が、その翌年には小川直克・篤子夫妻が生産者側に加わった。このころには生産者農家五軒とトラック配送を担当する現地支援者などを含め、一五名ほどの生産者グループへと発展していた。また、無農薬で安全な野菜が評判となり、三八軒から始まったワンパック消費者会員数は、一九八一年には一二〇〇軒以上に増大していた。[59] 基本的にワンパックの消費者グループは、生産者と同世代であり、闘争を支援してきた人たちによって構成された。[60] 野菜が配達される拠点ごとに消費者グループはそれぞれ母体をもっており、婦人民主クラブの各地支部や全国一般東京地本南部支部（中小企業の労働組合）、「くらしをつくる会」（米軍戦車の搬出を阻止する市民団体「ただの市民が戦車を止める」会を母体とする団体）などが各地拠点で消費者会員の中心を担った。最初にワンパック野菜消費者の組織化に取り組んだのは、「ただの市民が戦車を止める」会のメンバーであった相模原に住む山口幸夫・雪子夫妻である。

相模原では一九七二年八月五日に戦車を阻止する運動が始まり、八月二三日、「ただの市民が戦車を止める」会が発足した。一九七四年七月二一日には「戦車を止める」会の一五名が三里塚を初訪問し、小泉政英・島寛征と知り合い、このころから同会では「微生物友の会」が栽培した単品野菜を購入するようになっていた。[61] その後、小泉英政からワンパックの提案を受けた山口夫妻は一九七六年六月二〇日、野菜の消費者会員グループとして「くらしをつくる会」を発足させた。[62]「くらしをつくる会」は日常生活レベルからの消費者意識の変革を方針とし、婦人たちが中心となって事務局を担った。[63]「くらしをつくる会」の会報「ほんもののくらし」は、創刊号のあとがきに「私たちの生活は本当に便利になっています。しかしその『便利さ』とひきかえに、農薬、化学肥料、さまざまの食品添加物、合成洗剤などによって健康がそこなわれつつあります。そんな生活はしたくありません。なぜこのようになってしまったのかを考え直し、ほんもののくらし、そのしくみ、をつくってゆきたいと思っています」[64]と発行の意図を記し、三里塚の有機野菜、残留農薬ゼロのお茶、合成洗剤の有害性などを広く伝えると同時に、安全な生活のあり方を訴えてゆく。

4 「ほんもののくらし」から読み解く消費者／支援者の取り組み

ワンパックにおける消費を通じた支援のかたちは一方的な行為ではなく、購入する側に対しても有機野菜購入の意味を問いかけていた。ワンパックの会員になって四カ月目の会員は「私たち食べる側がどうしてワンパックなのか？　と問いつづけていく作業もなかなか苦労のしがいがあるようです。その作業のなかで、最近流行の直販や自然食ブームとワンパックの違いをやはりはっきりさせていく必要があると思います。闘いのなかで生まれ、いまも闘いのなかでつくられる野菜たちだから食べるのだ」と述べ、だれの手にも委ねない独自の流通機構を問いつづけながら、三里塚農民が闘いつづける条件をつくっていける点にワンパックの意義を見出していた。[65]

ワンパック会員の急増には公害と食の安全性への不安という時代背景の影響が考えられるが、[66]会員のなかには無農薬野菜の獲得だけを目的とした防衛的な消費者意識に対して警鐘を鳴らす者や、権力と対峙する現地の生産者と消費者が直接結びつき、共同でつくりあげる三里塚闘争の一つのかたちであることを強調する者も現われた。[67]やがて消費者会員は、アジアにおける企業進出のうえに成り立っている日本の繁栄を、加害者意識から捉える意見や食品添加物・食品公害の背景に生産や流通、国家権力、第三世界からの収奪があるとする意見などを会報へ寄せ、安全性の確保にとどまらず、その視野を拡げていった[68]。

さらに、ワンパック野菜を購入する者同士のつながりをつくろうという「くらしをつくる会」の要望で、「ほんもののくらし」は第八号（一九七七年八月二四日）から相模原だけでなく、すべての購入者へ配布されるようになる[69]。しかし、各地域の購入者からは、三里塚闘争は支持するが、相模原の「ほんもののくらし」は拒否するというグループもあり、購入者同士の問題意識の共有はなかなか進展しなかった。

これについて山口幸夫は「私は思い上がっているのだろうか。生産者と消費者が截然と分かれていることの反省のうえに、三里塚の闘いの今後を展望しようというのが、先見の明ある幾人かがずっと主張し、いま、三里塚闘争が質的に転換しようとしているポイントなのではないだろうか。農業は農民だけで成りたつのではない。農民と都市生活者、労働者が一体となって、共同と分担の関係を追求するというのがワンパックの精神なのではないだろうか[70]」と主張するも、彼の問題意識はワンパック会員全体に共有されずに終わる。「ほんもののくらし」の購入者全戸への配布は第四三号（一九八三年七月三一日）で終了し、一九八二年時点で一二八〇軒にまで増加していた会員数も一九八三年三月に反対同盟が分裂して以降は減少傾向にあった[71]。反対同盟分裂によって生産者は同盟の事務仕事が多忙化し、農業に手が回らず野菜が貧弱化したこと、卵の値段が高すぎることが会員減少の主な原因であった。また、購入をやめてゆく人は低農薬・有機農法の野菜を手に入れる別のルートを見つけていた[72]。

山口幸夫は、一九八四年四月二九日の第七回ワンパック総会を振り返るなかで、生産者と購入者の主体的な意見交換・意思疎通の欠如、農地の全面共有化から生産者夫婦による一町歩耕作体制への移行、会員に色濃く残った消費者意識などを痛烈に批判し、生産者と購入する側の関係づくりに「七年やってきて私たちは結局のところ失敗したと思うのです」と総括した。[73] その後、ワンパックの生産者は一九八五年に石井新二・順子夫妻が、九〇年代に入り島夫妻、一九九七年に小川夫婦、小泉夫妻が辞めて、現在は石井恒司・石井紀子がつづけている。[74]

産業社会に規定された消費者という立場、流通のあり方の問い直し過程は有機農業運動の特徴であり、一九八〇年に国民生活センターが行なった全国の有機農業運動における消費者団体への調査でも、産消提携によってめざされる理念・目標は、「消費者の食生活を問い直し変えていくこと」(七六%)や「『安全な農畜産物』をより多くの人に知ってもらい、食べてもらうこと」(七三%)など、食の安全性に疑問をもった消費者の意見が多数を占めた。[75] 一方で、「流通機構を変えること」(五〇%)や「使い捨て石油文明からの脱却をはかること」(四九%)といった積極的な目標の回答率は全体の約半数にとどまり、いちばん多数を占めた意見は「安全な『農畜産物』を手に入れること」(八五%)であった。

その後、八〇年代に入ると市場への有機農産物の浸透によって有機農業運動は衰退していく傾向が指摘されており、[76] ワンパック運動もその例外ではなく、多くの消費者は野菜の低品質化が原因で去っていった。相模原においても最初の消費者三八軒のうち、闘争支援者は四分の一、残りは安全な食材を求める人びとであった。[77] 消費者との関係について島寛征は「長期化する闘争のなかで、現実的に消費者の人と僕ら生産者のあいだをつなぐものは、闘争のスローガンではなくて、闘争をしていこうという気持ちであるとか、おたがいに闘争する同士の中身の交流である」[78]と述べたが、それはワンパック運動の中心にいた少数の人物にのみ共有された意識であった。

有機野菜の売買をとおし、消費者が産業社会への抵抗意識とともに三里塚闘争をつくりあげるという運動のかたちは衰退していったが、生産者と山口幸夫の有機農法および産直運動の取り組みは、のちの「地球的課題の実験村」構想へとつながってゆく。

第4節　開港阻止決戦

福田赳夫首相が成田空港の年内開港をめざすよう指示した一九七七年、空港公団は千葉地方裁判所に鉄塔撤去の仮処分を申請し、地裁決定後の五月六日に二つの鉄塔は撤去される[79]。空港公団は五月二日に千葉地裁民事第一部へ航空法第四九条第一項、第二項に基づいた仮処分を申請し、この審理を書面だけで済ました裁判所側は、異例のスピードで二日後に鉄塔撤去を認める仮処分の決定を下した（『朝日新聞』一九七七年五月六日。航空法第四九条第一項は安全表面より上に出る建物などの設置を禁止しており、同条第二項では空港設置者が妨害物の撤去を求める権限を与えている。しかし、同法は空港設置者に妨害物を撤去する権限までは認めてないので、空港公団は民事訴訟法の仮処分に訴えた）。鉄塔処分の手続きは秘密裡に行なわれ、当日は機動隊の出動とともに午前三時から航空法違反物件としての検証が始まり、午前八時半には鉄塔仮処分の執行を宣言し撤去作業が行なわれた。午前四時頃、反対同盟と常駐支援者が駆け付けるが機動隊の阻止を受け、二塔の鉄塔は抵抗のないままに撤去された（『読売新聞』一九七七年五月六日）。

鉄塔撤去後、同年一一月二六日に空港公団は新東京国際空港の供用開始日を定めた届出を運輸大臣へ提出し、運輸省から一九七八年三月三〇日を供用開始とする告示が出される[80]。

反対同盟が開港の阻止に向けて取り組むなか、一九七八年三月二六日には新左翼党派の第四インター、戦旗派、プロレタリア青年同盟によって編成されたグループが管制室に突入し占拠するという事態が起こる（『朝日新聞』一九七八年三月二八日）。

同日、空港は金網のフェンスや鉄条網に囲まれており、いくつものゲート（入口）が設けられた構造となっていたが、午後一時過ぎ、炎上するドラム缶を乗せたトラックが第九ゲートを猛スピードで強行突破し、空港の管理棟まで突撃した。この混乱の隙に、空港外のマンホールから下水道をたどって潜入した先のグループが管理棟ビルへ侵入し、一六階の管制室を占拠、ハンマーをふるって機械類を破壊した（『朝日新聞』一九七八年三月二七日）。こうした新左翼諸党派の破壊行動を受けて、成田空港の安全性は世界からも問われることとなり、政府は開港の延期とともに過激派対策のための治安立法である「国際空港周辺の安全確保に関する特別措置法」の検討を始める（『朝日新聞』一九七八年三月二八日。また、『朝日新聞』一九七八年四月四日）。次の開港日は五月二〇日と定められ、空港周辺の過激派拠点を使用禁止、除去することを狙いとする「新東京国際空港の安全確保緊急措置法案」（成田新法）が五月一三日に成立した[81]。

開港前の三里塚闘争は地域住民運動ではなく、反権力闘争としての地位が新左翼党派によって確立されていた。たとえば空港を「国内産業再編と海外侵略の接合拠点」と主張した第四インターナショナルは、「大合理化をともなって進行した高度経済成長と大規模開発、農基法の破壊的農政に対する日本全土の労働者・農民の無数の抵抗の天王山」として三里塚闘争を位置づけていた[82]。

反対同盟内では選挙戦に引きつづき、住民運動の域を超えた階級闘争としての三里塚闘争を強調する戸村一作委員長や北原鉱治事務局長など、反対同盟幹部がこれに呼応しており、プロレタリア独裁権力に基づく暴力革命、国家権力の打倒が叫ばれた[83]。一方で、農業を基幹に運動と地域の方向性を考えはじめていた青年行動隊は、管制塔占拠に対して「なんにもいえなかった」状態であり、戸村一作の選挙戦同様、若い世代の彼らは運動の主導権を握れなかったことが見受けられる[84]。

なお、管制塔占拠後における支援団体の戦略として、連帯する会代表の上坂喜美は大衆的実力闘争で切り拓かれた局面を、廃港へと追い込む政治闘争へ転化すべきとの意見を表明し、「廃港」要求宣言の会代表の前田俊彦は青年行動隊に寄り添い、農業という地域の生産手段を根拠に廃港へと追い込むことをめざした[85]。くらしをつくる会はこの事件について、とくに意見を出していない。

第二次代執行後、反権力闘争として闘争を拡げようとする、戸村一作をはじめとする反対同盟幹部職・新左翼諸セクトと、生活基盤を強化し抵抗の持続をはかる青年行動隊という構図で、反対同盟内・支援団体にも以上の二つの異なる問題意識が存在した。

（1）　成田市史編さん委員会編b『成田市史　近現代編』（一九八六年）八一〇頁。
（2）　岩沢吉井「鉄塔共有化運動の意義と戸村選挙」（三里塚闘争と戸村一作に連帯する会関西事務所発行、

タイトルなし、一九七四年四月、立教大学共生社会研究センター所蔵)。

(3) 島寛征「戦いの中で学ぶ農民」(斎藤たきち編『講座日本農民 3農民の創造』たいまつ社、一九七八年)二一二頁。

(4) 三里塚第二次代執行阻止東峰統一被告団編『東峰十字路裁判東峰統一被告団、弁護団は発言する』(東峰統一被告団発行、一九八三年)四頁。

(5) 隅谷三喜男『成田の空と大地——闘争から共生への途』(岩波書店、一九九六年)五一頁。

(6) 福田克彦『三里塚アンドソイル』(平原社、二〇〇一年)二八八頁。

(7) 新東京国際空港公団「新東京国際空港のパイプラインについて(旧パイプライン計画)」一九七一年八月一九日(新東京国際空港公団20年史編纂協議会編『新東京国際空港公団20年のあゆみ』一九八七年、二〇一~二〇二頁)。

(8) 成田市史編さん委員会編b、前掲書、八〇四頁。

(9) 「新東京国際空港の開港について(大臣発言要旨)」一九七二年八月一四日(新東京国際空港公団20年史編纂協議会編、前掲書、二〇二頁)。

(10) 成田市史編さん委員会編b、前掲書、八〇四頁。

(11) 公安調査庁『成田闘争の概要』(一九九三年、千葉市中央図書館所蔵)二七頁。

(12) 成田市史編さん委員会編b、前掲書、八〇五頁。

(13) 公安調査庁、前掲書、二八頁。

(14) 朝日新聞成田支局『ドラム缶が鳴りやんで——元反対同盟事務局長 石毛博道 成田を語る』(四谷ラウンド、一九九八年)五一頁。

(15) 西村卓二「戸村選挙闘争の重要な意義」(三里塚闘争と戸村一作に連帯する会関西事務所発行、前掲書、三三頁)。

(16) 西村卓二、同右、三五頁。

(17) 岩沢吉井、前掲、九〜一〇頁。
(18) 三里塚芝山連合空港反対同盟青年行動隊「実力闘争の運動構造と選挙問題(案)」(一九七四年二月一日、空と大地の歴史館所蔵)。
(19) 荒畑寒村・末川博・羽仁五郎・丸木位里・丸木俊・吉村公三郎・宮岡政雄・松岡洋子・小田実・宇井純・浅田光輝・水戸巌・西村卓二「共同闘争宣言」(一九七三年一一月、立教大学共生社会研究センター所蔵)。
(20) 三里塚芝山連合空港反対同盟・三里塚闘争と戸村一作に連帯する会・戸村一作「共同闘争宣言」(一九七三年一一月、立教大学共生社会研究センター所蔵)。
(21) 三里塚闘争と戸村一作氏に連帯する会「連帯する会ニュース」(No.1、一九七四年一月五日、立教大学共生社会研究センター所蔵)。
(22) 三里塚闘争と戸村一作氏に連帯する会「連帯する会ニュース」(No.2、一九七四年一月二六日)、および同(No.3、一九七四年二月二八日)。共に、立教大学共生社会研究センター所蔵。
(23) 三里塚闘争と戸村一作氏に連帯する会「連帯する会ニュース」(No.11、一九七四年六月五日、立教大学共生社会研究センター所蔵)。
(24) 戸村一作「三里塚闘争の新次元」(三里塚闘争と戸村一作に連帯する会関西事務所発行、一九七四年四月、前掲書、二〇〜二一頁)。
(25) 三里塚闘争と戸村一作氏に連帯する会「新しい出発にあたって」(一九七四年七月、立教大学共生社会研究センター所蔵)。
(26) 三里塚闘争と戸村一作氏に連帯する会「連帯する会ニュース」(No.6、一九七四年四月二一日、立教大学共生社会研究センター所蔵)。
(27) 三里塚闘争と戸村一作氏に連帯する会「むしろ旗」(No.2、一九七四年三月二〇日、立教大学共生社会研究センター所蔵)。

(28) 三里塚闘争に連帯する会「三里塚闘争をめぐる現情勢と連帯する会の今後について」(一九七八年一二月、千葉県立中央図書館所蔵、二〇頁)。
(29) 前田俊彦追悼録刊行会編『瓢鰻まんだら——追悼・前田俊彦』(農山漁村文化協会、一九九四年)二五八頁。
(30) 加瀬勉編『〈三里塚「廃港」要求宣言の会パンフNo.1〉三里塚「廃港」にむけて——大義は三里塚農民にあり』(三里塚「廃港」要求宣言の会発行、一九七六年六月二五日、千葉県立図書館所蔵)五六~五七頁。
(31) 朝日新聞成田支局、前掲書、七一~七二頁。
(32) 公安調査庁、前掲書、二八頁。また、朝日新聞成田支局、前掲書、六九頁。
(33) 前田俊彦・高木仁三郎『森と里の思想——大地に根ざした文化へ』(七つ森書館、一九八六年)二一~二二頁。
(34) 前田俊彦・石田郁夫「民衆運動史のなかの三里塚」(針生一郎編『シンポジウム三里塚の思想』柘植書房、一九八〇年)四八~四九頁。
(35) 前田俊彦・石田郁夫、同右、六二~六四頁。
(36) 「ちば労農学校」編集局編『革命根拠地としての三里塚　前田俊彦氏講演録』(千葉労働者共闘会議発行、一九七九年五月一日、空と大地の歴史館所蔵)五~七頁。
(37) 前田俊彦・石田郁夫、前掲書、六六頁。
(38) 三里塚「廃港」要求宣言の会前田俊彦「〈序にかえて〉三里塚闘争は勝利する」一九七七年九月一日(針生一郎編、前掲書、七~一一頁)。
(39) 前田俊彦・石田郁夫、前掲書、六二~六四頁。
(40) 朝日新聞成田支局、前掲書、七一頁。
(41) 福田克彦、前掲書、三〇一~三〇二頁。
(42) 三里塚第二次執行阻止闘争東峰統一被告団編『執念城』(第一八号、一九七七年三月一〇日、三里塚空港粉砕青年行動隊発行、空と大地の歴史館所蔵）二頁。
（43）福田克彦、前掲書、三〇七頁および三一三頁。
（44）相川陽一「成田空港建設と地域社会変容――巨大開発下における農民主体の形成と展開をめぐって」（地方史研究協議会『北総地域の水辺と台地――生活空間の歴史的変容』雄山閣、二〇一一年）二一一頁。三里塚における有機農業生産者団体については、相川陽一が詳細に調査しており、本項の記述もこれに依拠した。
（45）農村青年集会実行委員会編集・発行『農民運動創造のために――第一回農村青年集会報告集』（一九七二年）一二頁。また、三里塚第二次執行阻止闘争東峰統一被告団編『執念城』（第九号、一九七四年五月二〇日、三里塚空港粉砕青年行動隊発行）二頁。共に、空と大地の歴史館所蔵。
（46）福田克彦、前掲書、三一一頁。
（47）福田克彦、前掲書、三〇九～三一〇頁。
（48）三里塚微生物農法の会編『三里塚ワンパック　石井恒司講演録』（千葉・共同購入の会、一九七八年、千葉県立図書館所蔵）三頁。
（49）三里塚微生物農法の会・ワンパック・グループ編『たたかう野菜たち』（現代書館、一九八一年）八五頁。
（50）三里塚第二次執行阻止闘争東峰統一被告団編『執念城』（第一八号、一九七七年三月一〇日、三里塚空港粉砕青年行動隊発行、空と大地の歴史館所蔵）二頁。
（51）三里塚第二次執行阻止闘争東峰統一被告団編『執念城』（第一五号、一九七六年六月二日、三里塚空港粉砕青年行動隊発行、空と大地の歴史館所蔵）一頁。
（52）福田克彦、前掲書、三一六～三一七頁。
（53）渋谷定輔・島寛征「対談　南畑と三里塚を貫くもの」（思想の科学社『思想の科学』第六八号、一九七六年一〇月）四四～四五頁。
（54）三里塚第二次執行阻止闘争東峰統一被告団編『執念城』（第一五号、一九七六年六月二日、三里塚空港

粉砕青年行動隊発行、空と大地の歴史館所蔵）一頁および（第一八号一九七七年三月一〇日、三里塚空港粉砕青年行動隊発行、空と大地の歴史館所蔵）二頁。また、渋谷定輔・島寛征、同右、四六頁。

（55）福田克彦、前掲書、三一五〜三一六頁。ワンパックとは、石井恒司・紀子、小泉英政・美代、島寛征・ひさ子の三農家と、都会の消費者グループによって組織された。活動としては、週二回、一〇種類ほどの旬の野菜をコンテナと呼ばれたプラスチック製の箱に詰め、トラックで東京・神奈川・千葉・埼玉の各地に配送した。

（56）福田克彦、前掲書、三二〇頁。

（57）「くらしをつくる会」発行「ほんもののくらし」（第二三号、一九八〇年三月一九日、立教大学共生社会研究センター所蔵）二〜三頁。

（58）三里塚第二次執行阻止闘争東峰統一被告団編『執念城』（第一八号、一九七七年三月一〇日、三里塚空港粉砕青年行動隊発行、空と大地の歴史館所蔵）二頁。

（59）三里塚微生物農法の会・ワンパック・グループ編、前掲書、二四頁。

（60）福田克彦、前掲書、三二〇頁。

（61）くらしをつくる会「三里塚・相模原活動年表」（一九七九年七月二八日、立教大学共生社会研究センター所蔵）。

（62）同右。

（63）くらしをつくる会「決意表明」一九七七年九月一一日（くらしをつくる会発行「ほんもののくらし」第九号、一九七七年一〇月二九日、立教大学共生社会研究センター所蔵）一〜二頁。

（64）「くらしをつくる会」発行「ほんもののくらし」（創刊号、一九七六年六月二〇日、立教大学共生社会研究センター所蔵）八頁。

（65）「くらしをつくる会」発行「ほんもののくらし」（第一四号、一九七八年九月二〇日、立教大学共生社会研究センター所蔵）二頁。

(66) 国民生活センター編『戦後消費者運動史〔資料編〕』(大蔵省印刷局、一九九九年)二一九頁。一九七〇年前後からは食品添加物の安全性への懐疑から農薬・化学肥料に依存しない有機農業が進展し、一九七三年のオイルショックを受けて大量生産大量消費による便利な生活の背景に、公害・環境破壊といった社会問題があることが浮き彫りとなった。

(67)「くらしをつくる会」発行「ほんもののくらし」(第一七号、一九七九年三月二一日、立教大学共生社会研究センター所蔵)二～三頁。

(68)「くらしをつくる会」発行「ほんもののくらし」(第二七号、一九八〇年一一月二〇日)一頁や同(第三四号、一九八二年一月二八日)二頁など。共に立教大学共生社会研究センター所蔵。

(69)「くらしをつくる会」発行「ほんもののくらし」(第九号、一九七七年一〇月二九日、立教大学共生社会研究センター所蔵)一頁。

(70)「くらしをつくる会」発行「ほんもののくらし」(第一八号、一九七九年五月二三日、立教大学共生社会研究センター所蔵)三～四頁。

(71)「くらしをつくる会」発行「ほんもののくらし」(第三七号、一九八二年七月二九日、立教大学共生社会研究センター所蔵)二頁。

(72)「くらしをつくる会」発行「ほんもののくらし」(第四六号、一九八四年四月一三日、立教大学共生社会研究センター所蔵)一頁。

(73)「くらしをつくる会」発行「ほんもののくらし」(第四九号、一九八七年五月三一日、立教大学共生社会研究センター所蔵)七頁。

(74)「くらしをつくる会」発行「ほんもののくらし」(第五七号、一九九七年一〇月三一日、立教大学共生社会研究センター所蔵)五頁。

(75) 国民生活センター編『日本の有機農業運動』(日本経済評論社、一九八一年)二二一～二二二頁。調査は一九八〇年一〇月から一一月に消費者団体三〇三集団を対象にアンケートで行なわれた。

（76）原山浩介『消費者の戦後史――闇市から主婦の時代へ』（日本経済評論社、二〇一一年）二八九～二九一頁。

（77）朝日新聞成田支局、前掲書、六八頁。

（78）三里塚芝山連合空港反対同盟青年行動隊「《座談会》三里塚・闘いと農業」（新日本文学編『新日本文学』第三四号、一九七九年九月）一三一頁。

（79）千葉県史料研究財団編『千葉県の歴史　通史編　近現代3』（千葉日報社、二〇〇九年）九三六頁。

（80）新東京国際空港公団総裁大塚茂「飛行場供用開始届出書」一九七七年一一月二六日および、運輸省告示第六〇八号「新東京国際空港の供用開始期日について届出があった件」一九七七年一一月二八日（新東京国際空港公団20年史編纂協議会編、前掲書）一八四頁。

（81）運輸大臣福永健司「航空法第五六条において準用する同法第四六条の規定に基づき告示」（運輸省告示第一九五号）一九七八年四月七日（新東京国際空港公団20年史編纂協議会編、前掲書）一八五頁。また、『朝日新聞』（一九七八年五月一三日）。

（82）日本革命的共産主義者同盟（第四インターナショナル日本支部）『第四インターナショナル』（新時代社、通巻二六号、一九七八年一月）二五～二七頁。

（83）戸村一作「三里塚闘争ではない、戦争だ‼」、および北原鉱治「決戦の年、全国の皆さんに三里塚への結集を訴える」（日本共産青年同盟中央執行委員会編『青年戦線』新時代社、通巻三〇号、一九七八年一月）九～一四頁。

（84）三里塚第二次代執行阻止闘争統一被告団編『執念城』（第二二号、一九七九年六月一日、三里塚空港粉砕青年行動隊発行、空と大地の歴史館所蔵）一頁。

（85）上坂喜美については、三里塚闘争に連帯する会発行「三里塚闘争ニュース」（第六号、一九七八年四月一一日、立教大学共生社会研究センター所蔵）。前田俊彦については「ちば労農学校」編集局編、前掲書、一〇頁。

第三章　三里塚闘争の収束へ

第1節　対政府交渉の動き

1　開港後の秘密交渉

実力闘争による管制塔占拠事件後、安全開港を望む政府・千葉県などさまざまな方面から反対同盟へ話し合いの機会を求める動きが現われた。これに対し一九七八年四月一七日、反対同盟は①反対運動における逮捕者全員の釈放、②開港の延期と二期工事の凍結、③国会で審議中の空港周辺における暴力的破壊活動を禁止する成田新法の撤回と機動隊の撤退という、話し合いの前提条件を公式に発表する（『読売新聞』一九七八年五月一九日）。

各方面からの話し合い路線を取り上げると、同年四月には桜田武（日本経営者団体連盟会長）を中心とする財界が休戦交渉に取り組んでおり、その後行なわれた桜田日経連会長・土光敏夫経済団体連合会会長らと戸村一作反対同盟委員長の会談では、①五月二〇日開港を一年間延期すること、②反対同盟・政府双方が一年間休戦し実力行使を留保すること、③財界がこの条件を福田内閣に受け入れさせるために福永健司運輸大臣に会見することが決められた。しかし、財界のトップ陣営が運輸大臣に休戦の申入れを行なうより早い五月一〇日には、土屋秀雄千葉日報社長の仲介で戸村一作と福永運輸大臣の間で対話が行なわれ、「財界のみが反対同盟委員長と会っている」ことを切り札としていた財界陣営の停戦協定案は、これにより立ち消えとなる。(1)

反対同盟の三条件に難色を示す運輸大臣と強制力を解除した状態での話し合いを望む戸村の会談は平行線のまま進行し、交渉も実質的に決裂する（『千葉日報』一九七八年五月一二日と同一九七八年五月一三日。福永・戸村の会談は「トップ会談」として期待されたが公式的な色合いは薄く、機動隊の出動を批判された福永運輸大臣が「過去のことはあまりいってもしようがない」と発言するなど、有意義とはいえない内容だった）。また、四月二六日に前提条件なしの話し合いを申し入れていた千葉県は、五月一三日に成田新法が公布、即日施行されたことや反対同盟幹部が釈放されていない状況から反対同盟が態度を硬化させたため、交渉に入り込む余地がなくなり、開港前の対話を断念した（『千葉日報』一九七八年五月一六日）。

一方、東京大学宇宙航空研究所の松岡秀雄（三里塚闘争の行政訴訟に特別弁護人として協力していた人物）の仲介で一九七八年五月一一日、三塚博運輸政務次官が二期工事用地の地権者を代表する石橋政次反対同盟副委員長と会見し、その後五月一五日、三塚と反対同盟事務局次長の島寛征の間で会談が行なわれた（通称、松岡ルート）。(2)しかし、この動きは新聞報道によってすぐに明らかとなり、秘密裡のアプローチを試みる政府に不信感を強めた反対同盟は五月一七日、「話し合い一切拒否」の声明を出す。(3)

これら一連の交渉から、政府と反対同盟が話し合いに至るには、話し合いを成立させる前提条件の双方の合意、公式的に話し合いを申し入れる政府の態度という二つの要素が必要だったといえる。開港日を譲れない政府との交渉はすべて挫折したまま、新東京国際空港は五月二〇日、中核派によるケーブル切断など加熱する支援党派のゲリラを排除しての開港に至る。

2　加藤・島「覚書」

各方面から話し合いの気運が高まるもそれが挫折してゆくなか、政府との「覚書」調印までに至った話し合い路線の動きとして、共産主義者同盟の議長を務めた松本礼二を中心とする支援党派「遠方から」一派（松本礼二・石井暎禧・篠田邦雄・長崎浩）が仲介したルートがあった。

管制塔占拠事件を受け、運動が「テロと治安の対決」へ収束することに危機感を感じた「遠方から」一派は一九七八年五月六日の会議において、三里塚闘争を対政府交渉の場に乗せるべきとの結論で一致する。[4] 席上では政府との仲介を右翼政治家の四元義隆に依頼すること、松岡秀雄の協力を得ることも決められた（松岡には九日にこの意図を伝え、四元からは一五日に快諾を得た）。先の松岡ルートはこの動きのなかで松岡の「独断専行」によって走り出したのであった。管制塔占拠事件や五月二〇日の開港のさいに見られた支援セクトによるゲリラ・テロの戦術を批判し、「(反対)同盟を北総における農民の地域権力として自立させる道を開かねばならない」[5]という意識のもとに対政府間交渉へ立ち上がった松本らは、開港後の五月二四日に反対同盟青年行動隊の島寛征・柳川秀夫と会談をもつ。

松本は、松岡ルートが失敗した原因が秘密厳守への注意不足と運輸省関係を交渉相手としたことにあったとし、交渉を秘密裡に行なうこと、政府の中枢部と直接交渉し、運輸官僚・空港公団といった代行者とは決して交渉をもたないことに注意した。[(6)] そして五月末には交渉当事者として反対同盟から島・柳川、松本グループから松本・長崎、スタッフとして松岡秀雄・針谷明、同盟と政府内閣官房の間に立って折衝への条件を煮詰める役割に西村明（前高知空港公団の理事）という任務分担が決められた。[(7)]

一九七八年八月一七日、松本を中心とした仲介役グループと反対同盟は、政府との交渉を成立させる条件として、①二期工事の凍結、二期工事区域を土地収用法適用外とすること、②航空機のアプローチエリアに位置し騒音がひどい岩山地区同盟員の家屋・土地を二期工事区域内に移転させること、③二期工事区域農民へ個別の損害賠償を行なうことを提案する「合意案」を作成する。[(8)] 八月三一日に四元がこの合意案をもって福田首相に会い一括了承を取り付け、一〇月からは反対同盟陣営として島・柳川・松本・松岡が、政府側からは内閣副官房長官の道正邦彦が交渉を担当することとなった。[(9)]

道正・島会談の過程では、先の「合意案」へ強権的に進められた空港建設に対する政府の謝罪を加えたかたちの「覚書」を反対同盟・政府間による秘密折衝の過程で締結し、その後両者は公開の話し合いに入るという二段階の段取りが決められる。[(10)] 反対同盟が作成した「覚書（案）」についても政府・同盟双方の間で基本的合意が成り立った。

一九七八年一一月二七日の自民党総裁選で福田内閣に代わり大平内閣が成立したことで交渉は一

時中断されたが、一九七九年四月になり、新内閣の官房副長官である加藤紘一が会談の担当となる。その後も、折衝では「覚書（案）」を双方が合意するかたちに推敲する作業が繰り返され、六月一五日に島・加藤覚書の調印が行なわれた。この覚書において政府は、①第二期工事を凍結すること、②二期工事予定地内の土地所有者、関係人、同盟人の土地について土地収用法に基づく強権を発動しないこと、③岩山地区に居住する同盟員に対する移転補償および二期工事予定地内への移転希望があればこれを受け入れる用意をすること、④起業地内同盟員に関し、土地収用法適用下で生じた、あるいは今後生じる不利益について具体的事例に応じて対処することを約束していた。[11] 一方同盟は、成田空港の将来および、これに関する全般的諸問題を議題とする話し合いに入ることを約束し、政府と公開の討論集会を実施することとなっていた。

しかし、七月一六日の読売新聞朝刊一面において、この秘密交渉の内容が報道される。記事には覚書にはない「闘争休戦」「〝一時〟凍結」という表現が用いられており、これには最終段階から交渉へ参加し、その内容に不満をもっていた運輸省の意向が表われていると指摘されていた。[12] 事実を歪曲した報道に混乱した反対同盟は、交渉自体の存在を否定し、その後も話し合いを拒否する姿勢を発表した。[13]

3　話し合い路線の消滅

島・加藤覚書からも明らかなように、島らは主に二期工事の凍結と土地収用法による強権発動の解除を会談成立の条件とし、同盟の主張はその後の討論集会で発表してゆくという戦略を練っていた。[14] 秘密交渉が明らかとなった直後の青年行動隊の議論においても、政府に対等の立場を認めさせたうえでの話し合い自体は有効であるとされたが、結果的に政府側がそれを破棄したことで政府への猜疑心はさらに強まる結果となった。[15]

こうした政府交渉路線の背景には、第二次代執行後、闘争の長期化に苦しむ農家の経済的な実態と、実力闘争という戦略との齟齬が挙げられる。そのため青年行動隊は有機農法をとおし、生産手段を活かした抵抗のかたちを考えはじめていた。管制塔占拠の成果によって、支援党派は実力闘争の継続による運動の再構築を掲げる一方で、反対同盟自体は問題を収束させる有力な戦略を生みだせない状況において、「反対同盟にまだ力があるうちに僕らの主張の一部でもかたちに残しておかないと、二期工事でも一期と同じように押し流されて、みんな討ち死にするような感じ」を抱いていた島ら青年行動隊は「玉砕覚悟」で話し合い路線に乗ったのであった。[16] 秘密交渉後の青年行動隊は、実力闘争の持続性の面における限界を踏まえて、運動を持続させるために反対同盟全体が農業に本格的に取り組む姿勢を打ち出さなければならないことや、廃港への社会情勢をつくり出すために国会や運輸省への抗議行動を連日行なうことなどを提案しはじめる。革命の拠点と掲げる三里塚闘争を永続的に継続させようとする支援党派と、経済的な事情を抱える農民、とくに将来的に地域での生活を抱える青年行動隊の間に距離が生まれ始めていた。

この後も一九八二年一月には反対同盟委員長代行を務めた石橋政次ら二期工区内に土地をもつ者が、政府・空港公団幹部と接触をもったことが明らかとなる。[17] 島は、石橋政次らの秘密交渉は、三年前の自身の交渉が発覚したさい、反対同盟が事態の収束を急ぎ、それに対する総括をしなかったことに起因するとして、一九八二年五月、当時の「覚書」を公開して秘密接触の事実を認め、その後事務局次長を辞任する。[18]

第2節　農業振興策への対抗と反対同盟の分裂

1　成田用水事業をめぐる対立

開港後の一九七八年九月二一日には、反対派との話し合いがつかなくとも二期工事の着工を急ぐ方針が町田直空港公団副総裁から述べられ（『読売新聞』一九七八年九月二二日）、運動の主眼は二期着工を防ぐことに注がれる。そして政府は一九七八年一二月一日の閣議において、地元対策として空港周辺地域に対する農業振興策を決定した。[19]水田改良（成田用水事業）の受益対象区域の拡大、農業関係団体等に対する（空港公団が騒音対策として空港周辺に買い上げた）土地の貸付、農業希望者に対する補助・融資制度の活用を主な内容としたこの農業振興策は、一九七九年九月一日に千葉県によってその方針が具体化される。[20]整備対象地域は空港周辺の一市六町一村であり、[21]市町村ごとに策定された「農業振興整備計画」を基に農業生産基盤や農業近代化施設の整備が実施されることとなった。

空港建設と関連のあるこの農業振興策に対し、青年行動隊の提起を受けた反対同盟は空港に対決しうる自前の農業をつくりだす方針を打ち出していく。[22]その一歩として空港予定地内の木の根地区においては、干ばつ時に地下水を汲み上げ、それを畑に散水する農業灌漑用の風車建設事業が着手され、この事業の中心にいた青年行動隊は「この三里塚の土とともに戦う農民としてどう生きるのか」「農にうちこみ戦いつづける」という運動の本質を反対同盟に呼びかける。(23)空港に関連する農業振興策に対し、自主管理による生産基盤の整備をもって対抗するこの戦略は、「戦う農業」と名づけられ、一九七九年九月一六日の大会宣言において表明される。

しかし、農業振興策の一つである成田用水事業をめぐり、開拓・古村の混合組織である反対同盟に亀裂が生じた。利根川を水源とした用水路を建設し、受益農地約三三〇〇ヘクタールの区画整理などを行なう成田用水事業は「新東京国際空港周辺整備のための国の財政上の特別措置に関する法律」(成田財特法)の適用を受けたことで、受益者負担は通常の四分の一にあたる六・五%という低率で実施されることとなった。(24)

一方で空港関連の農業振興策は、土地収用法にかけられている空港敷地内を受益対象地から外しており、成田用水事業も敷地内農家を受益者に含まなかったため、反対同盟はこれを「用地内外の同盟員を分断」する「懐柔策」だとし、絶対反対の立場をとる。(25)しかし、開港後の農業振興策の拡充により成田用水事業の受益対象地に繰り入れられた山武郡芝山町菱田地区は、水源地に位置することから田圃の下を地下水が流れ、稲作にむかない湿田を多く抱えていたため水田改良を強く望んでいた地域であり、事業を望む声が多かった(『読売新聞』一九八四年九月二六日。同地区の受益者一三〇名のうち、最終的に一一五名が着工に同意している)。

空港関連政策反対という同盟の論理と基盤整備事業を望む菱田地区、両者の板挟みとなった青年行動隊は、闘う農業第二計画として菱田地区における水田の自主基盤整備事業を提案する。[26] 成田用水を望む声に対して、一九八〇年二月には①菱田地区の総意によって成田用水事業による基盤整備を行なうこと、②敷地内農家と菱田地区の話し合いによる相互理解を築くことを条件とし、これがなされないかぎり菱田地区の成田用水事業参加に賛成しないことを表明して、[27] 同年一〇月一二日からは暗渠排水による自主基盤整備に着手する。しかし、田面より川が低くなるように河川改修も行なわなければならなかったため、基盤整備事業は難航した。[28]

一九八二年四月から成田用水事業計画の第一次同意書集めが始まり、用水促進の動きが活発になるなかで(『朝日新聞』一九八二年八月八日。この頃には、土地改良法上必要な三分の二以上の地権者の同意が得られる情勢となっていた)、青年行動隊はあらためて農業に対する生産意欲を土台とした闘争方針の必要性を説く。成田用水問題をめぐる対立については「用水の賛否にかかわらず、菱田地区同盟員の水田改良の願いが、空港反対の魂を支える真剣な農業意欲であることを、同盟全体が認め、同盟員同士が二期阻止の団結を固めるため、菱田の農業の将来について納得ゆくまで話しあうこと以外にありえない」[29] と解決を促す意見を発表したが、この文書は空港敷地内農家から「用水絶対反対」の主旨がない点を批判される。[30]

このころ、土地収用法第二九条第二項[31]に基づいて千葉県収用委員会へ事業認定の失効、土地収用法の不法手続きを追及していた敷地内農家は、空港敷地内の自分たちが土地を売らなければ二期工事を阻止できるという意識が強く、反対同盟の「農地死守・実力闘争」「空港絶対反対・一切の話し合い拒否」による方針で「勝てるのにわざわざ負けようと成田用水を推進するのは許せな」かった。[32] また、敷地内農家は広い耕地をもつ富裕層が多かったうえに、農作業は支援党派が担っていたことで経済的にも長期闘争に耐えることができた。[33] 青年行動隊と敷地内農家は、二期用地を守るという点で両者の目的は一致していたが、運動を継続する方法においては、生産基盤の強化による抵抗の模索と従来の戦略の持続という点で異なっていた。

結果、青年行動隊は反対同盟内で議論を尽くし、意志を統一することを訴えた先の文書の意図を「支援諸君が、党利党略のみにのっとり、おのれの主張を反対同盟におしつけようとすることに対する批判として書いた」と説明し、曖昧ながらも成田用水に反対する従来の立場を再度表明する。[34] 成田用水で揺れた一九八二年は反対同盟も集会宣言において実力闘争の基本路線を何度も確認するなど、[35] 青年行動隊は運動における敷地内農家の優位的な立場を認める構図で成田用水をめぐる同盟内討論は鎮静化する。この後、菱田地区の用水推進派は成田用水事業受け入れの動きを促進させ、一九八四年九月二五日に同地区における用水事業は着工され、自主基盤整備も挫折した（『読売新聞』一九八四年九月二五日）。

2 一坪再共有化問題

木の根地区における農業灌漑用の風車建設、成田用水事業に対する自主基盤整備事業といった一連の「闘う農業」は、一九八〇年にはその目的が「われわれの生産活動と生活は我々自身が決定権をもち、実質において国家権力と対決する力をつくりあげること」にあると明文化された。[36] 同時に、有機野菜の産直運動を通じた支援者との関係を例に、生産基盤の自主管理運動によって「農民同士のあらたな関係、農民と労働者のあらたなつながり」を構築することもめざされた。[37]

そして、一九八二年五月二一日には農業振興策により貸付けが決まった芝山町岩山地区の空港公団用地において、反対同盟は自主耕作（不法耕作）運動を開始する（『読売新聞』一九八二年五月一六日）。反対同盟の各部落は以前から公団所有地において自主耕作運動を行なっていたが、一九七八年に除草剤が撒かれてからは耕作を中止していた。今回の自主耕作運動は、一九八〇年に農業振興策の一環で始まった公団用地の貸付け事業に対し反対同盟全体が取り組んだ運動であり、作付け作業は支援者三〇〇名と共同で行なわれるなど、経験の共有も重要視された。[38] 成田用水では組織の一致をみなかったが、有機農業の実践から青年行動隊が摑んだ問題意識が運動の戦略として同盟全体へ徐々に波及し始めていた。

積極的な生産活動を基礎として空港関連事業である農業振興策に対抗する一連の戦略に沿って、一九八二年一二月一六日の反対同盟実行役員会においては、土地収用権限の不存在確認訴訟、一坪再共有化運動を一九八三年の方針とすることが決定する。[39] この決定に基づいて一二月二三日の事務局会議において、一坪再共有化運動については反対同盟共有委員会を各地区一名程度選出すること、その委員の選定ならびに文書作成などは青年行動隊三名の委員で進めることが確認された。[40]

第一章で触れたように、一坪共有化運動とは三里塚闘争の初期に社会党や共産党が持ち込んだ戦術であり、一坪を大量の土地権利者によって共有名義にすることで、公団の任意買収と収用委員会の審理を繁雑化することを狙った戦術である。この狙いに加え、今回の取り組みはフランスのラルザック地域における軍事基地拡張反対運動との国際連帯の影響を受けて生まれていた。

牧草地帯であるラルザックの農民は、一九七一年より軍事基地拡張に対し反対運動を進めており、軍隊が買い上げた土地の自主耕作、軍用地内における羊小屋の建設などをとおして抵抗をつづけていた。[41] 一九八一年より三里塚に連帯する会、廃港要求宣言の会とともにラルザックとの交流を深めてきた反対同盟員は、開発に対抗する地域建設を住民が自主的に進める必要性を学んでおり、「大砲でなく羊だ」というラルザックの合言葉に対し、一坪再共有化運動では「空港よりも緑の大地を」を合言葉に掲げ、運動の求心力を高めることがめざされた。[42] そのため今回の共有化運動においては、土地買収手続きの複雑化に加え、共有化をとおして全国の支援者との連帯を深め、共有地を自然豊かな広場へと変えてゆく構想のもとに打ち立てられていた。[43]

一坪再共有化運動において共有者は一件につき一口一万円の共有代金（登記代）で共有の権利を得られるとし、共有地の転売・贈与等・権利の移転および共有地の分割は一切しないことが条件とされた。また、共有対象地となった二三カ所の土地は元の地主がすでに条件派となり、その持ち分権が反対同盟と公団の相持ち状態となっている土地であった。[44] しかし、一九八三年に入り開始した一坪再共有化運動はその直後、二期工区敷地内農家を中心とする同盟本部役員から「一坪共有地の販売運動」として強い反発を受ける。用地内農家がこの運動に反対した背景には、共有者に対する不信感があったと考えられる。一九六七年時点で四七カ所あった共有地はこのとき二三カ所へ減少しており、さらに共有者数の変動は土地を売却してしまった者が多かったことを示していた。[45] また、みずからの宅地を共有地として提供した者が多かった敷地内農家は、共有者数の減少によって宅地の持ち分権が空港公団へ移ってゆく危機感から共有化運動には否定的だった。[46] 実際、このとき運動をつづけていた敷地内同盟員が提供した土地の共有者は三二一名から一〇九名まで減少していた。

一坪再共有化運動は、共有者と手を結び、空港敷地内へ新たな運動を生みだすことを主な目的としており、「土地の利用及び使用については、反対同盟と相談し、共有者同志の意志を十分いかして活用する」[47]と明記したが、「農地死守」を掲げる敷地内農家はこれを、共有代金一万円と引き換えに「共有者が自由に使用できる」と捉えて強く批判し、「反対同盟は一坪再共有化の方針を認めていない」と、この運動の存在自体をも否定した。[48]これを最後の契機に反対同盟は分裂へと向かう。

3　反対同盟の分裂

反対同盟の分裂には組織内における敷地内と敷地外の対立に加え、支援党派である中核派との確執が関係している。一九八二年に政府との話し合いをもった石橋政次副委員長に対し中核派が裏切り行為だとして自己批判を求めたときから、青年行動隊は同派へ「同盟の主体的闘いへの妨害」であると警告を行なってきた。[49]また、土地収用法の撤廃に対し法的根拠に基づいて対抗しようとする青年行動隊の戦略に対し、中核派は武装闘争路線の貫徹を主張するなど、両者の対立は深まっていた。[50]
中核派は菱田地区における成田用水事業の受け入れ問題についても、用水推進派の青年行動隊を弾劾する声明を出すなどして、実力闘争の原則に従わない同盟員の批判をつづけた。[51]一方で、青年行動隊たちは「同盟の個人〳〵が揺らぐこと、誤ること〔中略〕そのことだけを責めたて、切り捨てたからといって、問題が解決されるわけではありません。そうした本人も含めて、誤りの原因を探り出し、本質を見きわめ、皆の力で克服してこそ闘いは強くなる」[52]という主張から、長期闘争に耐えうる組織のあり方や抵抗の方法（有機農業実践や自主基盤整備事業など）をみずから模索していたのだ。

その後も中核派の同盟員に対する自己批判の要求、嫌がらせ行為はエスカレートし、一九八三年の一坪再共有化運動を「土地を不特定の人に売ることは農地死守と矛盾する」という理由から同派が批判したことで青年行動隊と中核派の対立は決定的となる（『朝日新聞』一九八三年二月一七日。なお、三里塚にあった団結小屋のうち一六団体は再共有化運動に賛同し、反対派は中核派を含めて三団体にすぎなかった）。

青年行動隊は同盟の決定に干渉した中核派に対し、「俺らは十二月の役員会で決まった大地共有委員会を全面的に支持する。どうしたら三里塚の闘いを発展させることができるかをいっしょうけんめい考えて産み出されてきたいい運動だ。その農民の自発性を妨害するとは、とても仲間とは思えない。〔中略〕中核派は、少なくとも革命をめざす集団ならば、名にはじないように、まずはみずからの党を革命せよ」[53]と激しい批判を加えた。同時に、前述のように同盟内においても一坪再共有化運動に賛成・反対の者で対立が生じており、反対同盟は青年行動隊と古村の篤農家を中心とする熱田派と、敷地内農家を擁し中核派の支援を受ける北原派へと分裂してゆく。

一九八三年三月三日、反対同盟幹部会は、組織を代表する立場にありながら再共有化運動の存在を否定し、組織の決定事項を覆す個人的見解を全国へ発表した北原鉱治事務局長の解任を発表する。[54]そして三月八日、「反対同盟組織の自立と強化を確立する」目的で、共産党に絶縁関係を言い渡して以降一六年ぶりとなる反対同盟総会が開催され、中核派との共闘関係の解消と、一党一派の利害や党略に加担し、反対同盟に亀裂を生じさせた責任から北原事務局長を解任することを決定した。(55)同日、北原事務局長率いる反対同盟（北原派）も別に総会を開いたことで、反対同盟は分裂状態となる。この分裂は、本稿第二章で述べた新左翼・反対同盟幹部職と青年行動隊の間にあった意識の差異に加え、農業振興策をめぐる空港敷地内と敷地外の対立、支援党派による運動方針への過干渉が絡んだ分裂劇であった。

開港後、話し合い路線・成田用水問題・一坪再共有化運動によって生じた混乱に対し、青年行動隊は組織内の議論を深め農業生産意欲を闘いの礎とする方向へ運動を促そうとしていたが、この組織内の混乱に実力闘争による権力打倒という党利党略で中核派が干渉したことは、組織の分裂だけでなく、住民の手による運動の自発的発展性の阻害という非常に残念な結果を招くこととなった。

なお、一九八三年時点で二二〇戸近くあった同盟農家のうち約一八〇戸以上が熱田派に、約四〇戸は北原事務局長率いる北原派に属し、(56)地域的分布で見ると北原派は成田市を中心に、熱田派は芝山町を中心に組織された（図８）。しかし、敷地内外の農家で組織がきれいに分裂したのではなく、熱田派にも二期工区内に所有地をもつ同盟員は四名含まれている。(57)また、小川嘉吉をはじめとする敷地内勢力は、一九八三年の分裂時には一坪再共有化運動反対を唱える北原派に属したが、一九八七年九月には支援セクト主導の運動を嫌い北原派から分裂し、反対同盟小川派を立ち上げることとなる。(58)

組織の分裂後、反対同盟熱田派は改めて収用権限不存在訴訟、一坪再共有化運動、自主耕作・自

図８　反対同盟員 57 戸の居住状況

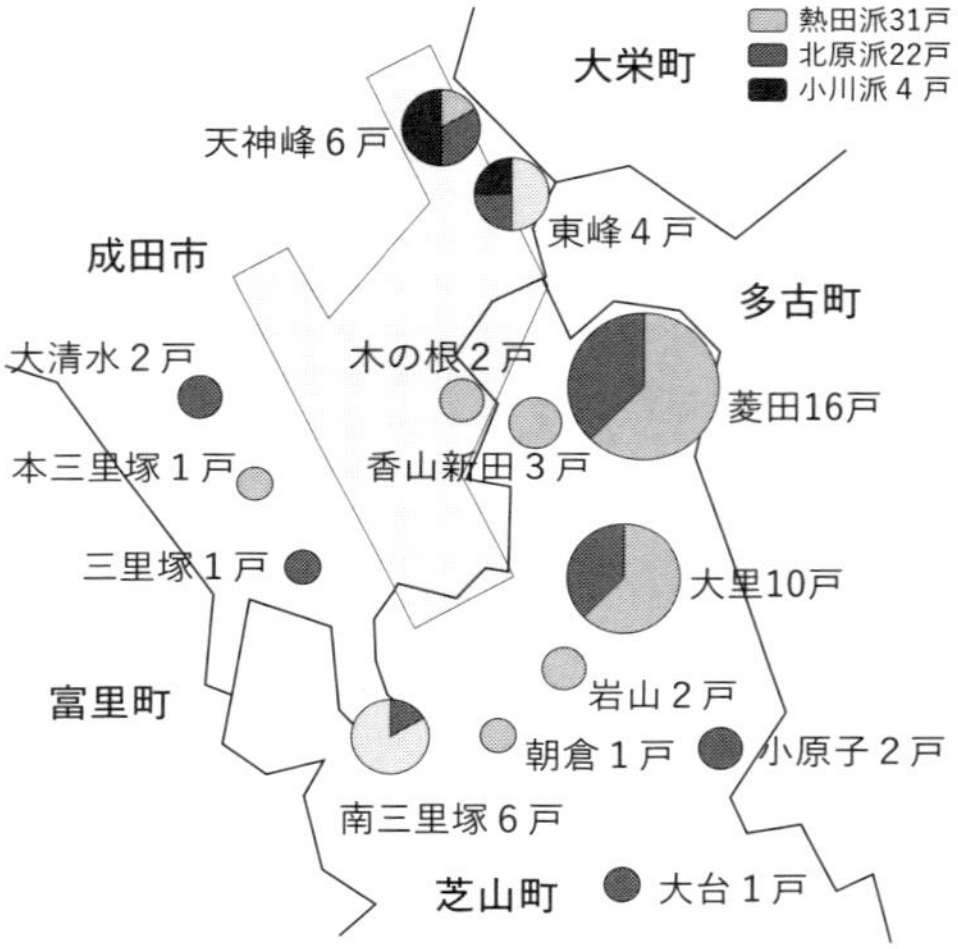

（出所）公安調査庁『成田闘争の概要』（1993年、千葉市中央図書館所蔵）136頁。

主基盤整備事業を運動方針として掲げるが、[59] 一九八三年六月二九日から始まった成田用水菱田工区の測量・杭打ち作業に対しては絶対反対の立場で実力闘争による阻止を表明し、自主基盤整備も行なわれなくなった[60]。三年間で九八四人の共有者を集めた一坪再共有化運動は、共有地に共有者の家を建設するなどの事業に取り組んだが、空港公団が土地持ち分の処分（細分化）を禁止する仮処分を千葉地裁に申請・認可されたことで挫折する（『朝日新聞』一九八四年七月三日。また、三里塚芝山連合空港反対同盟三里塚大地共有委員会編集・発行「共有者通信」第四号、一九八六年一月一二日。共に空と大地の歴史館所蔵。当初構想していた人びとの交流の場、緑の大地は実現されなかった）。

第3節　成田空港問題シンポジウムへ

1　東峰裁判の判決

一九八四年七月六日、一九七〇年よりつづいていた「成田空港土地収用訴訟」の判決が出る。反対同盟は建設大臣が空港用地の強制収用を認めた事業認定処分に対し、「他に適当な候補地があり、緊急性もなかったのに収用を認めたのは違法」「生存権や基本的人権を侵害された」と主張し、一九六九年と一九七〇年の事業認定処分の取り消しを求めていた（『朝日新聞』一九八四年七月六日。また、『毎日新聞』同日）。しかし、判決は土地利用の合理性と空港建設地の適性などについて検討した結果、農業適地の減失・騒音被害よりも空港事業のほうが公益上優越する、東京地区における航空需要を鑑みると新空港建設は緊急性を要すると言い渡し、住民の請求を棄却した。空港建設が司法の追認を受けた翌年には、新聞広告上で政府広報が空港の早期完全開港を世論に呼びかけるなど、三里塚闘争は孤立を強いられる状態となった（『朝日新聞』一九八五年四月七日。また、『読売新聞』同日。広告は、敷地内一二戸の農家が話し合いに応じないために全面開港できない、という内容であった）。

一方で、支援党派は一九八五年に政府予算へ二期工事準備経費が計上されたことで、ゲリラによる集団暴力闘争を激化させる（表2、図9、10）。熱田派は支援党派の派閥間争いを批判する姿勢を見せ[61]、一九八九年八月五日には、同盟の決定に干渉したゲリラ路線の戦旗・共産同との支援共闘関

表２　ゲリラ事件の発生状況

	全件数	うち成田闘争関連	成田関連事件の比率
昭52	87	58	66%
昭53	109	100	91%
昭54	57	40	70%
昭55	23	18	78%
昭56	11	9	81%
昭57	40	24	60%
昭58	17	6	35%
昭59	48	29	60%
昭60	87	41	47%
昭61	89	27	30%
昭62	37	27	72%
昭63	39	21	53%
平元	27	12	44%
平２	143	27	18%
平３	28	13	46%
平４	47	17	36%
計	889	469	52%

（出所）公安調査庁『成田闘争の概要』（1993年、千葉市中央図書館所蔵）239頁。

係を解消するなどして、(62) 新左翼諸党派との共闘を清算しながら運動における住民の主導権を強めていく。

またこのころ、第二章で述べた東峰十字路裁判の判決が出る。第二次代執行後に全部で五五人が起訴された東峰十字路裁判は、公判が始まってから約一〇年後の一九八一年二月に被告人への本人尋問が始まり一九八五年三月に結審、千葉地裁の判決は一九八六年一〇月四日に出された。判決は、被告人らの自白調書の信用性を否定し、事件の実行主犯を特定するに足り

図９　手口・凶器の推移

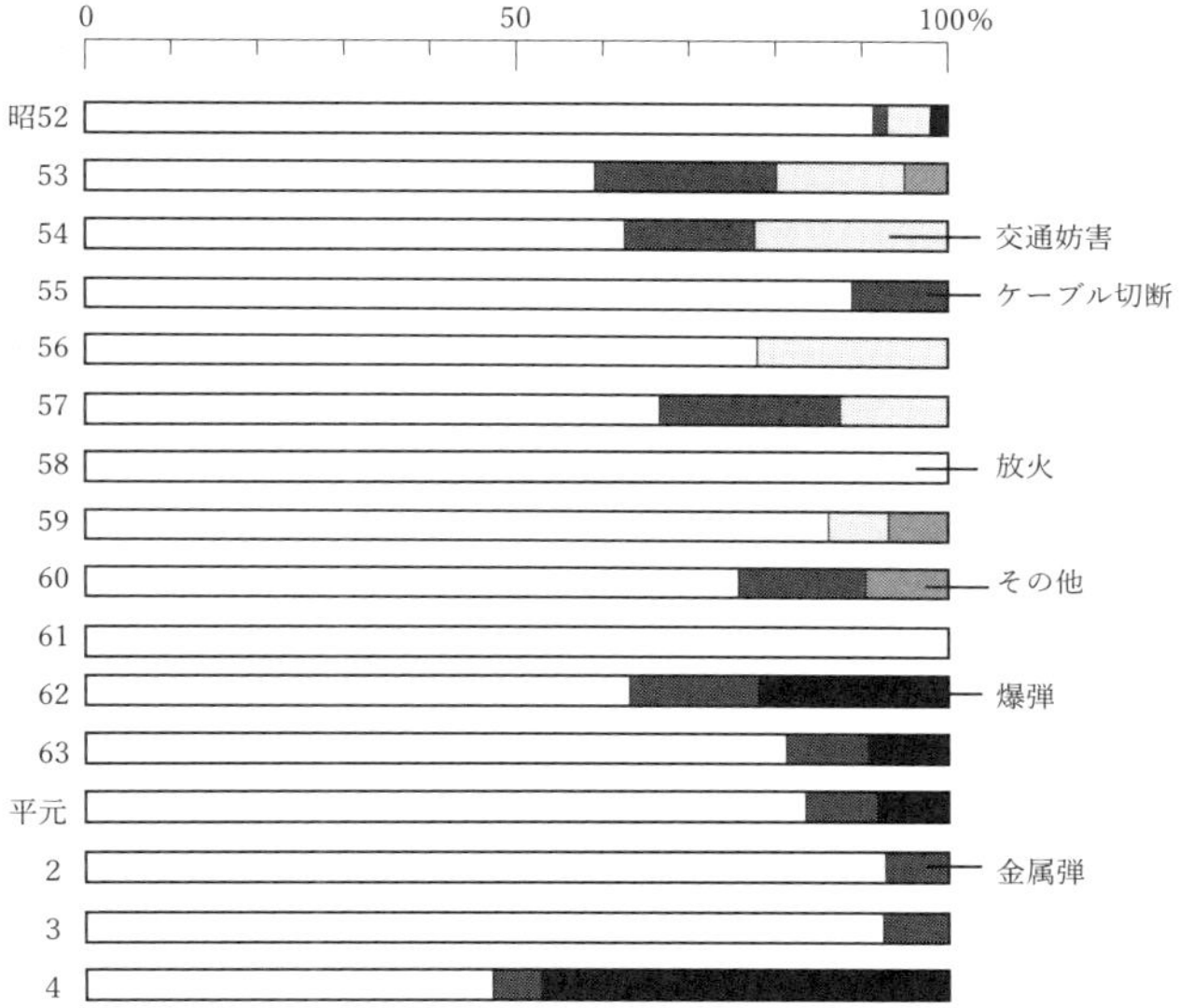

（出所）同上、243頁。

図10　ゲリラ指向３派による犯行自認件数の推移

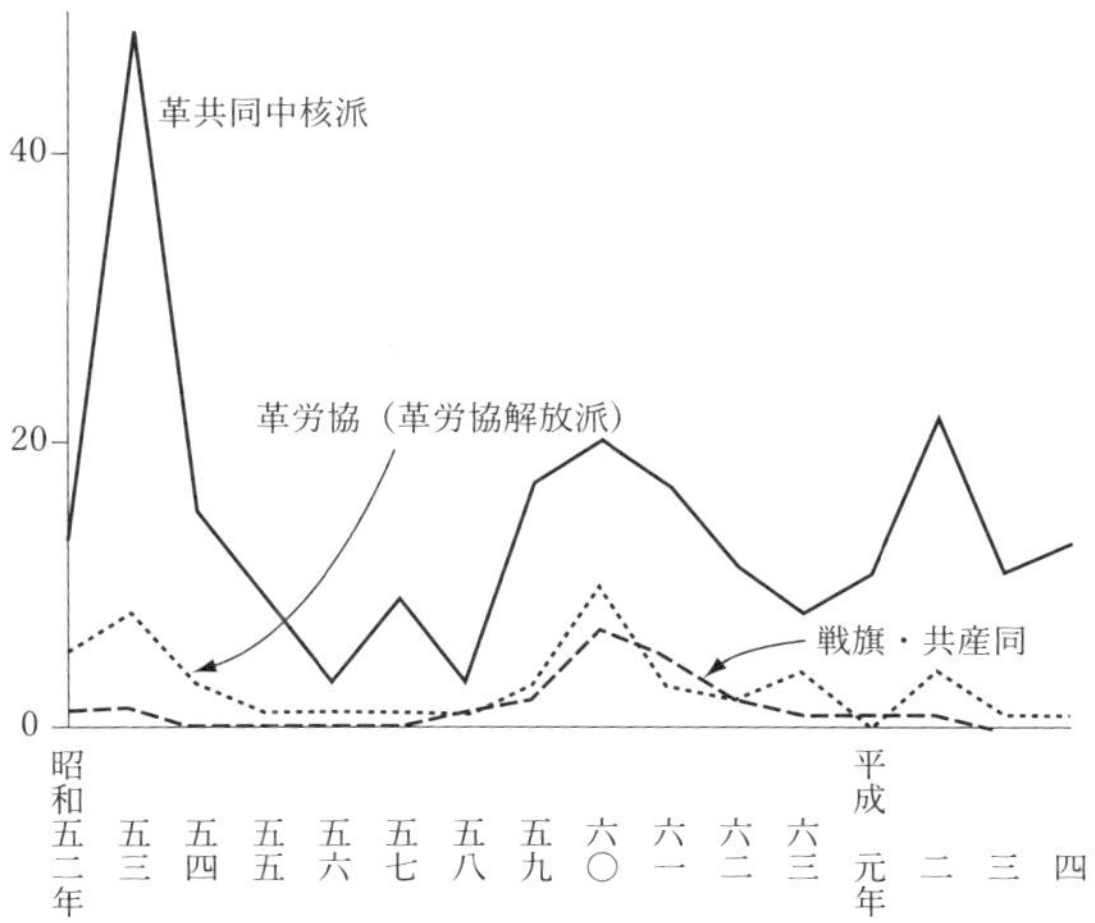

（出所）同上、259頁。

る客観的証拠の不在から、被告人らが警察官に対する攻撃に直接関与したことは認められないとしつつも、共謀の責任は免れないとして、被告人五二名に対し懲役刑を科した（三名は無罪）。しかし、審理が長期に及び、事件発生から一五年が経過していること、この間に社会生活上の不利益を受けてきていることなどを考慮して、被告人全員に執行猶予がつけられた。この判決を受けて検察側は控訴審において認定を覆すに足りる証拠が十分でないことを考慮して、控訴することを断念する。被告人ら五五名のうち五二名が反対同盟熱田派の青年行動隊と支援組織であり、執行猶予付きの判決が予想よりも軽かったため、同派は実質上の勝訴とした(63)。

代執行阻止闘争時のみずからの実力闘争の記憶とともにあった東峰十字路裁判の終結で、検察による「呪縛から解かれた」青年行動隊は、次に土地の強制収用力の撤回へ本格的に取り組み始める(64)。

2　事業認定失効論とシンポジウム構想

一九八七年九月の反対同盟北原派の分裂を受けて、反対派農民と支援グループの対立を感じた空港公団は、この機を境に二期工事「強制収用」の方向転換を明らかにする（『東京新聞』一九八八年五月一七日）。さらに一九八八年七月一四日には、一九七一年以来中断していた二期工事対象区域内にある未収用地（民家八軒の所有地一六・二ヘクタール、区域外に住む地権者の畑二・九ヘクタール）の収用斡旋審理の再開を千葉県収用委員会に要請する方針を固めた（『産経新聞』一九八八年七月一五日）。しかし、同年九月二一日に土地収用の任にあたっていた千葉県収用委員会の小川彰会長が中核派に襲撃された事件を受け、一〇月二四日には委員会全員が辞表を提出したことで収用委員会は機能しなくなってしまった。[65]

一方、土地収用の強制力を封じるために熱田派は、事業認定の告示から二〇年を迎えようとしていた一九八九年三月に『時間のバクダン』と題した小冊子を発行し、二期工事の事業認定失効論をアピールする。「七九年十二月、事業認定告示から十年の時、買受権発生により収用権は消滅した。そしてそれから十年の今日、事業認定処分はまったくその効力を失っているはずである」[66]というのが反対同盟の主張であった。一九八九年初頭には、空港公団が二期用地内である東峰・天神峰・木の根・横堀地区の農家と畑をバリケードで包囲しており、九月一九日には成田新法により九つの団結小屋に使用禁止命令が出されるなど、「第三次代執行の発動」という恐怖は迫りつつあった。また、事業認定された区域に位置する家は、自分の意志で増改築もできないといった制約を課せられており、そうした不自由さを二〇年も強いられてきたことを広く訴えることも意図された。[67]この事業認定失効論をとおして、三里塚闘争は「『公権』による国民の基本的人権・財産権・自由なる生活権への重大な侵奪行為に対する神聖な自衛権の発動であり、防禦権の行使である」[68]と位置づけられ、基本的人権や生活環境擁護を主張する住民運動へとかたちを戻してゆく。

つづいて同年一一月一六日、熱田派は小冊子に基づき空港建設工事の事業認定が失効することの確認を求め、運輸省へ公開質問状を提出する。

ところで、熱田派が運動方針に挙げてきた事業認定の失効問題の争点は、土地収用法の収用権をめぐる法解釈の問題である。土地収用法はその第一〇六条第一項において「事業の認定の告示の日から十年を経過しても収用した土地の全部を事業の用に供しなかつたときは」買受権が発生することを明記しているのだが、熱田派の質問状に対する運輸省回答は「平成元年十二月十六日以降においても、法的には有力である」とするものだった。(69) これに対し、熱田派は建設省・内閣法制局ら関係各省間の統一見解と事業認定の有効期限について、再度運輸省へ質問状を提出する。(70)

これを受けて、翌年一九九〇年一月三〇日には、江藤隆美運輸大臣がその回答をもって三里塚現地を訪れ、熱田派と公開会談を設けた。江藤運輸大臣は一期、二期工事分とも一体として空港建設事業として認定を受けており、一期分が事業の用に供しているので買受権は発生しない旨を発表し、これは建設省とも一致した見解であることを述べた。(71) また、成田新法の適用と検問監視体制の強化については極左暴力集団による工事の妨害を防止するための措置であることも述べられた。

回答が読み上げられたあとの会談では、住民への説明なく空港建設を閣議決定した空港建設、工事の強行と同時に配置された機動隊、騒音被害を伴う内陸空港において二期工事だけを急ぐ意味、空港反対派に対する強固な検問態勢などについて、激しい怒りとともに江藤運輸大臣へ質問がぶつけられた。会談の最後に熱田派は「本日の会談は、運輸大臣が私達が提出した回答を持参したこと以上ではない」と声明を述べ、話し合いの前提として「相互が人間として対等の立場に立つこと」、すなわち検問その他をやめ二期用地内の人びとの生活を保障することと、事業認定の失効を認め、強制収用の脅威を取り除くことを提示した。(72)

一方、江藤運輸大臣は強制執行という手段はとらないことを口頭で述べたが、運輸省回答は事業認定について、「法律論争をすることは、本意ではなく、〔中略〕皆様を始めとする農家の方々とは、胸襟を開いて、法律の解釈の問題を離れて対等の立場で、誠意をもって話し合いを尽し、一日も早い平和的解決を図ってまいりたい」と述べており、話し合いを成立させる前提である「対等な立場」の認識に、両者の間には大きな落差があった。あくまで二期工事への協力を要請するため、農民と距離を縮めることをだけを目的とした運輸省との公開会談は平行線のまま終了した。

しかし、「最後の手段はテーブルしかない」という共通認識をもっていた青年行動隊にとって、江藤運輸大臣との直接対話は話し合いの雰囲気をつくりだした点で効果をもった。[73] もっとも代執行以降、すでに青年行動隊は、農家の経済的な実態と闘争の現場で叫ばれるスローガンの間に落差を感じ始めており、[74] これは一九七九年に対政府秘密交渉となって表出していた。また、支援党派によるゲリラ事件の増加や闘争後継者の不在などの背景を抱え、運動が永続闘争のまま風化してゆくことに対する抵抗感もあり、三里塚闘争を解決に導く糸口を彼らは模索していた。[75] そして、運輸大臣との対話を契機に、熱田派内部における主導権は高齢層から青年行動隊へ移ってゆく。[76] 次に抱えた課題は、どのようにして話し合いの前提である土地収用強制力を解除させるかであった。

3　成田空港問題シンポジウムまで

運輸大臣との公開会談後、次の戦略を考える過程で青年行動隊は、二期用地の滑走路に代わる地域建設案を考案することに取り組み始める。しかし、何もない状態から対案を作成することは農民の力だけでは困難であるため、支援者として三里塚闘争に関わりをもっていた学者から知識を学ぶ学習会が企画されることとなった。[77] この学習会にヒントを得た青年行動隊の石井新二は、空港問題解決の場として国・反対同盟に仲裁役として学識経験者を交えたシンポジウムの開催を企画する。

石井は江藤運輸大臣との公開会談のさいに、空港完成を望む政府と二期工事を阻止したい反対同盟の間には隔たりがあることを認めたうえで、お互いの意見を出し合うかたちの話し合いによる解決を望む発言をしている。(78) しかし、空港賛成・反対の平行線状態である政府・反対同盟の両者に解決をはかる当事者能力がないことを感じた石井は、二項対立から脱却するために両者の間へ中立機関を介したかたちの問題解決方法を考えたのだった(『朝日新聞』一九九〇年一〇月一八日)。

この構想を具体化するために石井新二は、芝山町在住で地域振興を専門とする村山元英千葉大教授へ協力を要請し、一九九〇年一一月一日、千葉県、空港周辺自治体に呼び掛けて地域振興連絡協議会(以下、地連協と略す)という組織を発足させる。地連協は会長に村山元英千葉大教授、副会長に千葉県副知事、芝山町長、成田市長らを置き、その他構成員には空港周辺市町村の首長および議会代表、商工会代表などが名を連ねた(『朝日新聞』一九九〇年一一月二日)。また、副会長と事務局長のポストに反対同盟熱田派の青年行動隊から相川勝重と石井新二が就き、千葉県・空港周辺自治体と同盟熱田派の混成組織がここにできあがった(『朝日新聞』一九九〇年一〇月一七日)。

地連協の発足は、一九八九年の芝山町長選挙で真行寺一朗町長が五期目への出馬を決めたことに対し、真行寺の当選を阻止するために保守系町議と反対同盟が共闘したことが契機となっている。町議経験のある石毛博道へ伊橋昭治町議から共闘の申し入れがあり、青年行動隊の相川勝重が立候補することとなった。この町議選での動きが村おこしの住民組織である「椎の木むら」の発足へつながり、地連協組織化の母体となった。

一九九〇年一〇月一八日に行なわれた地域振興連絡協議会の準備会で発表された趣意書には、北総台地の振興をはかるうえで、成田空港問題は避けて通れない課題であるということ、空港問題については地元住民、空港利用者、政府、地方公共団体、反対同盟などの関係者による話し合いの場が欠けていたことが根本の原因であるという意識に立ち、郷土の振興と空港問題の解決のために公開の討論会を開催することが記述された[79]。翌年二月一四日、地連協は国と空港反対派が意見を述べ合う公開シンポジウムの計画を公けにし、提言を示す学識経験者の選考に入っていることを明らかにした（『朝日新聞』一九九一年二月一五日）。

一九九一年四月九日に地連協がシンポジウムへの招請状を発したことに対し、反対同盟熱田派は参加のための五条件を提示する。その条件は、①二期工事の土地収用問題を解決するために強制的手段を用いないことを、地連協が政府・運輸省に対し確約させること、②調停役となる学識経験者は強制的手段を排して空港問題を解決することをシンポジウム参加の本旨とすること、③協議会は同盟と運輸省が対等の立場であることを保証すること、④熱田派はシンポジウムを相互の意見発表と議論の場と位置づける、⑤シンポジウムにおいて適正な議論が行なわれない場合、熱田派はシンポジウムのどの時点においても参加を拒否する権利を有する、というものであった[80]。運輸省に宛てた公開質問状では強制収用の放棄を法的側面で主張したことに対し、今回はそれを文書で社会的に確約させるという最大限の譲歩が見られたことが特徴である。その後、同年五月二八日には村岡運輸大臣名による「いかなる状況のもとにおいても強制的手段をとらないことを確約する」という文書が地連協に手渡されたことで、六月一七日に熱田派はシンポジウムの参加を表明するに至る（『朝日新聞』一九九一年六月一八日）。

一方で、調停役として地連協から依頼を受けていた学識経験者らは打ち合わせを重ね、六月一五日には「隅谷調査団」として正式に発足し、シンポジウムの主催を地連協から隅谷調査団へと移す声明を発表した。[81] 首長や町議ら空港賛成派中心で構成される地連協の主催に対し、シンポジウムの中立性について熱田派から疑問の声が上がったことで、「隅谷調査団」に運営が委ねられることとなった。[82] 一一月五日に宮澤内閣が発足し、運輸大臣に就任した奥田敬和が前運輸大臣の声明を覆す発言があったが、これは熱田派をはじめシンポジウムの段取りに取り組んできた運輸省事務担当者、隅谷調査団によって批判され、奥田運輸大臣が発言撤回をする場面を挟みながら、一九九一年一一月二一日、反対同盟と国・公団による初めての公式な話し合いの場となる成田空港問題シンポジウム（全一五回、一九九一年一一月二一日〜一九九三年五月二四日）の第一回が開催される運びとなった。

4　シンポジウムの位置づけ

シンポジウムと、それにつづく円卓会議の経緯については『成田空港問題シンポジウム記録集』[83]、『成田空港問題円卓会議記録集』[84]、『成田の空と大地――闘争から共生への途』[85]など詳細な記録が出版されているので、本稿ではシンポジウム運営の特徴を中心に記述する。

まず、隅谷調査団や地連協、熱田派、自治体、運輸省で組織され、シンポジウムの進行を司ったシンポジウム運営委員会についてである。この組織は、県や市町村が地連協へ予算を供出し、地連協がシンポジウム運営委員会に予算をつけるかたちで運営されており、国ではなく地方自治体が予算を担った点がシンポジウムの中立性を保つために重要であった。

一方、反対同盟熱田派は、シンポジウムに臨むに際し、島・加藤秘密覚書の到達点として土地収用における強制力の解除を約束させること、反省点として公開を原則に話し合いの過程をつくり上げていくことに留意した（『朝日新聞』一九九〇年一〇月二七日）。「話し合い拒否」を掲げる反対同盟においては、一部の者による秘密交渉というかたちでしか糸口が生まれなかった過去の失敗から、第三者が公開の話し合いの場を設ける必要性も感じていた。また、熱田派はシンポジウムの落とし所として、B（平行）滑走路は国に断念させ、C（横風用）滑走路の建設は認めるというBCバーター論を目論んでいたが、[86]これは「成田空港問題の原因を究明し、その現状を明らかにし、あわせて、社会正義に適った解決の途を見出すことを目的とする」という隅谷調査団発足の声明どおりにシンポジウムが運営されることになったことで姿を消すことになる。

そして、三人が運輸省の推薦、二人が熱田派の推薦で構成された隅谷調査団[87]は、問題解決にあたり、法的裏づけも権限ももたない組織であったが、シンポジウムの過程ではメンバーが推薦した組織に縛られることなく己の意見を表明したことで、国・熱田派も信頼を寄せるようになった。また、双方の意見を「足して二で割る」ことで解決をはかろうとしなかった点、法の枠で処理するのではなく、道義的な基準として掲げた「社会正義・社会的公正」（民主主義の原則）に則って所見を下した点[88]は評価されるべきである。

裁判（行政訴訟）による解決手段では経済的補償要求が一般的であり、かつ被告行政庁の主張・立証が公益判断の資料となるため裁判所が第三者的な公益判断を下すことも困難とされるが、[89]シンポジウムでは両者が資料を提出したうえで「何が社会的公平であるか」という点をめぐり討議が行なわれ、空港建設における民主主義的手続きが是正された点が特徴的であった。シンポジウムの内容から三里塚の住民は、経済的補償要求ではなく、空港建設過程で無視されつづけてきた人間性の回復を求めていたといえよう。

シンポジウムは事業認定問題、空港用地内住民の基本的人権をめぐる問題から討議され（第三回～第六回）、第七回からは空港の位置決定より始まる成田空港問題の歴史的経緯に遡って事実関係が明らかにされ、国が推進した計画を民主主義の原則に照らしながら検証する作業が繰り返された。この検証を踏まえ第一四回シンポジウムでは熱田派が①運輸省・空港公団による収用裁決申請の取り下げ、②二期工事、B・C滑走路建設計画の白紙化、③今後の成田空港問題の解決にあたり「空港をめぐる、地域の理性あるコンセンサスをつくり上げる新しい場」の創設の三項目を提案し、シンポジウム最終回において調査団はこれを「十四回にのぼるシンポジウムでの話し合いの積み重ねのうえに立ってなされた、いわば必然的帰結」とする所見を発表、運輸省もこれをすべて受け入れることを発表した。そしてシンポジウム後には、空港と地域の将来構想を検討する場である成田空港問題円卓会議（全一二回、一九九三年九月二〇日～一九九四年一〇月一一日）が開催されるに至る。[90]

第4節　三里塚闘争の収束と運動思想の帰結

1　実験村構想

円卓会議の最終回では隅谷調査団の所見として、①空港の建設・運用を監査する第三者機関（共生懇談会・仮称）の設立、②国が速やかに実験村構想実現のための検討作業に入ること、③B（平行）滑走路の用地取得については強制的手段ではなく話し合いによって解決すること、④建設の緊急性がないC（横風用）滑走路の建設については、環境への影響などを調査したうえであらためて関係する地域社会へ提案し、賛意を得て進めること、⑤騒音対策について国は共生懇談会の場を活用して施策を進め、住民の要望に応えること、⑥国は、現空港が地域社会にもたらしたさまざまなデメリットを解決するための施策として地域振興策を提案することが決められた(91)。本稿は、とくに調査団所見②にある実験村構想を取り上げ、三里塚闘争の過程で育まれた思想がどのようなかたちに結実したかを説明して終えたい。

江藤運輸大臣の現地訪問後、青年行動隊が取り組んだ滑走路に代わる二期用地の活用方法をめぐる構想は「柳川構想」と名づけられた(92)。シンポジウム構想が同時に進行する状況において、二期工事を阻止する対案としての柳川構想は、時代的な課題である資源・環境問題や高齢化社会問題を克服する場として「資源、環境のリサイクル実験センター構想」「高齢化社会をどう生き抜くか、シルバーヴィリッジ構想」などが案となった。[93] そして柳川構想はシンポジウム最終回の場にて「地球的課題の実験村」として発表される。熱田派は、空港は自然の生態系のなかに突然侵入してきた「異物」であること、有機農法の実践から自然の循環を守る問題意識をもったこと、能率本位の企業利益の追求が多くの環境問題を引き起こしたことなどを踏まえ、BC滑走路予定地を環境問題、人口問題、農業問題などを学び、実践するための場として開放することを求めた。[94]「地球的課題」は円卓会議にてより具体的なかたちで主張される。

「有機農法への試行錯誤をつづけていた私たちは、『空港』がまったく違った姿で見えてくるように感じました。きわめて直感的ですが、空港は合理性と能率性の哲学に導かれた、工業化時代の一つの象徴のように感じました。〔中略〕有機農法の実践は、私たちの暮らし方やものの見方を根底から変え、空港問題や地球環境の問題を共通の視点でとらえるところまで、ようやく到達したという気がします。〔中略〕地球温暖化の問題、オゾン層破壊の問題など、急速に進んでいる地球環境の破壊という問題は〔中略〕真の原因は『抑制を失った自由』という思想だと思うのです。〔中略〕〈自らの自由の制限〉あるいは〈自らの自由の抑制〉、これこそが切迫した『地球的課題』であると言えます[95]」

青年行動隊が取り組んだ有機農業の経験は環境問題への問題意識と連なり、空港反対の論理は自由主義経済の拡張を制限する主張として展開されたのであった。そして、地球的課題の実験村構想は、二期工事を阻止するための最後の闘いとなる。

2　三里塚闘争の収束

円卓会議における隅谷調査団最終所見を受けて、熱田派は決定事項の推移を見守るために組織を存続すると表明したが、その多くが円卓会議後に運動を終わらせてゆく。たとえば、シンポジウム・円卓会議にわたって熱田派の事務局長を務めた石毛博道の反対の論理は、国の謝罪、土地収用における強制力の解除、空港の監視機関の成立によって解消してゆく[96]。反対同盟熱田派が組織として取り組んだことは最終所見を取り付けたことがすべてであり、その後の行動は個人の判断に委ねられることとなった[97]。反対同盟小川派も運輸大臣の謝罪を受けて一九九五年一月に運動の終結を宣言し、一九九七年一一月には敷地内九戸の内七戸が移転に合意した。

一方、円卓会議後の一九九五年一月には地域の農民、物理学・農業の学識経験者、地域行政経験者、運輸省、千葉県、空港公団を委員とする「地球的課題の実験村」構想具体化検討委員会が運輸省内に発足する。三年にわたる討議を経て委員会は、①国内外の研究者、NGO、農民などと連携し、交流・意見交換を行なうなかで「農的価値」の充実をはかる、②都市生活者や子どもを対象に自然の循環システムを体験できる啓蒙・体験プログラムを用意する、③自然エネルギーの活用やリサイクル工場の促進に努める、④農業者以外の人も関われる循環型農法を実践する実験農場の提供といった活動イメージを報告するが、これはあくまで「構想」にとどまり、その後はおのおのの主体が活動することに委ねられて委員会は解散する[98]。

実験村構想は、その理念は認められつつも、BC滑走路上に建設する必要性という点で説得力をもちえなかったために、空港建設を防ぐ有効な手段とならなかったと考えられる。この後、一部の熱田派はひきつづき実験村構想の具体化を唱え、国は自然環境に配慮した空港づくり（エコ・エアポート構想）へ、県は多機能型農業公園の建設へと、それぞれ取り組むことになる。(99)

以上のようにシンポジウム・円卓会議後の熱田派は、国の謝罪と土地収用強制力の取り下げを受けて運動から離れる大多数と、BC滑走路を断念させようとする者へ実質的に分裂し、後者は実験村運動へ取り組むこととなった。現在の反対同盟熱田派は柳川秀夫のみが運動をつづけるかたちになっている。

（1）柘植洋三『我等ともに受けて立たん――3・26管制塔元被告への賠償強制執行攻撃に対するアピール』（柘植書房新社、二〇一二年）五九頁。
（2）高橋良彦・「高橋良彦遺稿・追悼集」編集委員会『一大衆政治家の軌跡――松本礼二＝高橋良彦遺稿・追悼集』（彩流社、一九八八年）四四〇頁。
（3）宇沢弘文「成田闘争の軌跡3――三里塚東峰十字路裁判『島・加藤覚書』事件」（『世界』第五六一号、一九九一年一一月）三三五～三三六頁。また、『読売新聞』一九七八年五月一九日)。
（4）市田良彦・石井暎禧『聞書き「ブント」一代――政治と医療で時代をかけ抜ける』（世界書院、二〇一〇年）二〇三頁。
（5）高橋良彦・「高橋良彦遺稿・追悼集」編集委員会、前掲書、四四六頁。引用内の括弧は筆者による補足。
（6）高橋良彦・「高橋良彦遺稿・追悼集」編集委員会、同右。
（7）福田克彦『三里塚アンドソイル』（平原社、二〇〇一年）二〇〇頁。針谷明は三里塚の収用法裁判の研究をしていた。

（8）「合意案」八月一七日（高橋良彦・「高橋良彦遺稿・追悼集」編集委員会、前掲書）四五〇～四五二頁。
（9）隅谷三喜男『成田の空と大地――闘争から共生への途』（岩波書店、一九九六年）六七～六八頁。
（10）高橋良彦・「高橋良彦遺稿・追悼集」編集委員会、前掲書、四五四頁。
（11）内閣官房副長官加藤紘一・三里塚芝山連合空港反対同盟島寛征「覚書」一九七九年六月一五日（成田空港問題シンポジウム記録集編集委員会a、前掲書）六一～六二頁。
（12）宇沢弘文、前掲、三三九頁。また、福田克彦、前掲書、二〇七頁や隅谷三喜男、前掲書、六九頁。たしかに運輸省が交渉に参加したのは六月六日からであり、林大幹政務次官は「覚書」に拘束されることへ難色を示した。これに対し、反対同盟は運輸省の退席を求め、加藤も同意したことで「島・加藤覚書」は運輸省を退席させたまま調印する、という経緯があった。
（13）福田克彦、前掲書、二〇八頁。
（14）朝日新聞成田支局『ドラム缶が鳴りやんで――元反対同盟事務局長　石毛博道　成田を語る』（四谷ラウンド、一九九八年）七九頁。
（15）三里塚空港粉砕青年行動隊発行「青行隊通信」（第三号、一九七九年九月一五日、空と大地の歴史館所蔵）七～八頁。
（16）朝日新聞成田支局、前掲書、七八頁。
（17）公安調査庁『成田闘争の概要』（一九九三年、千葉市中央図書館所蔵）四六～四七頁。
（18）公安調査庁、同書、四九頁。
（19）「新東京国際空港周辺地域における農業振興のための基本となる考え方について（閣議報告）」一九七八年一二月一日（新東京国際空港公団20年史編纂協議会編『新東京国際空港公団20年のあゆみ』一九八七年）二三五頁。
（20）千葉県「新東京国際空港の周辺地域における農業生産基盤及び農業近代化施設等の整備のための基本方針」一九七九年九月一日（新東京国際空港公団20年史編纂協議会編、同書）二三六頁。

(21) 対象地域は成田市、芝山町、下総町、大栄町、多古町、横芝町、松尾町、富里村。
(22) 三里塚芝山連合空港反対同盟「農業を考え廃港をめざす――5・20現地総決起集会招請状」(一九七九年五月一一日、空と大地の歴史館所蔵)。
(23) 三里塚空港粉砕青年行動隊「青行隊通信」(第一号、一九七九年五月一七日、空と大地の歴史館所蔵)。
(24) 公安調査庁、前掲書、五〇頁。
(25) 三里塚芝山連合空港反対同盟委員長代行石橋政次「招請状」(一九八〇年八月九日、空と大地の歴史館所蔵)。
(26) 青年行動隊「菱田地区の戦う農業をすすめるにあたって」(一九七九年九月三〇日、空と大地の歴史館所蔵)。
(27) 三里塚空港粉砕青年行動隊「基盤整備に関しての青年行動隊の考え」(一九八〇年二月二〇日、空と大地の歴史館所蔵)。
(28) 青年行動隊「実験田の報告」(一九八〇年一〇月、空と大地の歴史館所蔵)。
(29) 青年行動隊「たたかいの原点から百姓の団結を考える」(一九八二年九月一六日、空と大地の歴史館所蔵)。
(30) 小川嘉吉ほか「用地内反対同盟より青行隊に対する申し入れ書」(一九八二年九月二七日、空と大地の歴史館所蔵)。
(31) 土地収用法第二九条第二項は、事業認定の告示から四年以内に明渡し裁決の申立てがなされなかった場合、事業認定の効力が失われると定めている。このとき、事業認定の告示から一二年が経過しており、敷地内農家には「土地収用法を完全に追いつめた」という認識があった。
(32) 東峰 島村良助・木の根 小川源・天神峰 小川嘉吉「報告十月十二日千葉県収用委員会へ土地収用法の不法を糾弾」(時期不明。ただし内容から一九八二年と推測できる。空と大地の歴史館所蔵)。
(33) D・E・アプター・澤良世『三里塚――もうひとつの日本』(岩波書店、一九八六年)六一～六五頁。

一九八二年時点で敷地内農家数は一二戸、各戸の耕地面積は約二町歩で、この後敷地内組織として反対同盟北原派から分裂する反対同盟小川派代表の小川嘉吉は約五町歩の耕地をもっていた。また、支援者による援農によって実際には経済的に豊かになっていたとされる。

(34) 青年行動隊「再び、たたかいの原点から、百姓の団結を考える」(一九八二年一〇月一〇日、空と大地の歴史館所蔵)。

(35) 三里塚芝山連合空港反対同盟「集会宣言」(一九八二年三月二八日)。また、三里塚芝山連合空港反対同盟「集会宣言」(一九八二年一〇月一一日。共に空と大地の歴史館所蔵)。

(36) 三里塚芝山連合空港反対同盟「6・25三里塚闘争全国代表者会議」(一九八〇年六月二五日、空と大地の歴史館所蔵)。

(37) 三里塚空港粉砕青年行動隊編「一〇月 政府に対し三里塚の百姓は撃ってでる」(三里塚芝山連合空港反対同盟発行、一九八〇年九月一五日、空と大地の歴史館所蔵)。

(38) 三里塚闘争に連帯する会発行『全国から農地奪還――自主耕作運動にたとう』(一九八二年六月、千葉県立図書館所蔵) 四頁。

(39) 三里塚芝山連合空港反対同盟「一坪共有運動取り組みのお願い」(一九八三年一月九日、空と大地の歴史館所蔵)。

(40) 事務局次長菅沢昌平「反対同盟事務局から訴えます」(一九八三年二月二八日、空と大地の歴史館所蔵)。

(41) "三里塚反対同盟農民をラルザックに" 日本委員会発行『三里塚とラルザックは連帯する』(一九八一年九月、千葉県立図書館所蔵)。ラルザック地域はフランス国内のアベロン県・エロー県・ガール県にまたがっており、人口は二六万人。政府は一九七一年に三〇〇〇ヘクタールの基地を一三七〇〇ヘクタール拡張しようとしたが、約一〇〇戸の農家が反対運動に立ちあがった。なお、一九八一年にミッテラン政権が発足したことで基地拡張計画は白紙撤回される。

(42) 三里塚芝山連合空港反対同盟「一坪共有運動取り組みのお願い」(一九八三年一月九日、空と大地の歴史史館所蔵)。
(43) 三里塚芝山連合空港反対同盟三里塚大地共有委員会代表堀越昭平「三里塚大地共有運動趣意書」(一九八三年二月、空と大地の歴史館所蔵)。共有地の構想については具体化されていないが、「この土を耕し作物を植え、花木の苗を育て、花をさかせ、また、広大な樹林の下ごしらえの場として活用したり、あるいは、日本農民の自立した農を練りあう楽しい出合いの場として運用」すると明記された。
(44) 三里塚芝山連合空港反対同盟三里塚大地共有委員会「三里塚の大地を人民の手で 三里塚大地共有運動の手引き」(一九八三年二月、空と大地の歴史館所蔵)。持分権とは、土地の共有者が共有地全体に使用できる権限を指す。おのおのが法律上独立の所有権としての性質をもち、分割や地形変更については共有者全員の同意が必要となる。
(45) 三里塚芝山連合空港反対同盟三里塚大地共有委員会「一坪共有運動の手引き その二」(一九八三年三月二七日、空と大地の歴史館所蔵)。今回の共有地の対象とした二三カ所の共有者は、合計六二九名から一七三名まで減少していた。
(46) 福田克彦、前掲書、二七一頁。
(47) 三里塚芝山連合空港反対同盟三里塚大地共有委員会代表堀越昭平「三里塚大地共有運動趣意書」(一九八三年二月、空と大地の歴史館所蔵)。
(48) 本部役員天神峰小川嘉吉ほか「三里塚闘争勝利のために、一切の分断策動はねのけ基本路線をつらぬき、八三年を敷地内外の固い団結でたたかいぬこう」(一九八三年二月一九日、空と大地の歴史館所蔵)三頁。
(49) 青年行動隊「混乱を力にかえ勝利をつかみとるために」(一九八二年二月六日、空と大地の歴史館所蔵)一一頁。
(50) 革命的共産主義者同盟「青行隊文書に全面的に反駁する なぜ青行隊一部諸君は裏切りを断罪せず、中核派非難にすりかえるのか」(一九八二年二月九日、空と大地の歴史館所蔵)一二~一三頁。
(51) 革命的共産主義者同盟「成田用水事業に加担し、推進する石井英祐氏を徹底弾劾する」(一九八二年八月一九日、空と大地の歴史館所蔵)。

(52) 青年行動隊「混乱を力にかえ勝利をつかみとるために」(一九八二年二月六日、空と大地の歴史館所蔵)一〇頁。

(53) 三里塚芝山連合空港反対同盟青年行動隊「怒り」(一九八三年二月二八日、空と大地の歴史館所蔵)。

(54) 三里塚芝山連合空港反対同盟幹部会「緊急声明」(一九八三年三月三日、空と大地の歴史館所蔵)。

(55) 三里塚芝山連合空港反対同盟幹部会「総会宣言」(一九八三年三月八日、空と大地の歴史館所蔵)。

(56) 公安調査庁、前掲書、一三四頁。

(57) 公安調査庁、前掲書、一四二~一四三頁。

(58) 公安調査庁、前掲書、一四六頁。小川派は同盟員数四戸五人と少数であったが、二期工区内農家のみで組織された。

(59) 三里塚芝山連合空港反対同盟代表熱田一「集会宣言」(一九八三年三月二七日、空と大地の歴史館所蔵)。

(60) 三里塚芝山連合空港反対同盟「声明」(一九八三年七月六日、空と大地の歴史館所蔵)。

(61) 三里塚芝山連合空港反対同盟代表熱田一「戦旗派の提起に答えて」(一九八四年七月一日、空と大地の歴史館所蔵)。

(62) 三里塚芝山連合空港反対同盟発行「三里塚から」(第一四六号、一九八九年八月五日、空と大地の歴史館所蔵)。

(63) 隅谷三喜男、前掲書、五三~五六頁。また、三名の被告は北原派の青年行動隊であり、判決内容については完全無罪まで控訴して闘うこととした(東京高裁は一九九〇年一二月、原判決に違法はないとして地裁の判決を追認した)。

(64) 朝日新聞成田支局、前掲書、一〇四頁。

(65) 全学連現地闘争本部中核派「日刊三里塚」(第三一〇〇号、一九八八年一二月二八日、千葉県立中央図書館所蔵)。

(66) 三里塚芝山連合空港反対同盟（代表熱田一）『時間のバクダン　成田二期事業認定失効論』（一九八九年三月、空と大地の歴史館所蔵）八頁。
(67) 朝日新聞成田支局、前掲書、一一四頁。
(68) 三里塚芝山連合空港反対同盟（代表熱田一）前掲書、八頁。
(69) 運輸大臣江藤隆美「公開質問状への回答」一九八九年一一月三〇日（三里塚からの農民宣言編集委員会・三里塚芝山連合空港反対同盟（代表熱田一）編『とりもどそう、緑と大地を！　三里塚からの農民宣言』（七つ森書館、一九九〇年）八八頁。後述のように事業認定をめぐる運輸省と反対同盟の対立は土地収用法第一〇六条の「収容した土地の全部を事業の用に供しなかった」という一文をめぐる法解釈の問題となる。
(70) 小川源・熱田一・石井武・堀越昭平「公開質問状（その二）」一九八九年一二月一五日（三里塚からの農民宣言編集委員会・三里塚芝山連合空港反対同盟（代表熱田一）編、同書、八九～九六頁）。
(71) 「一月三十日の運輸大臣との会談」一九九〇年一月三〇日（三里塚からの農民宣言編集委員会・三里塚芝山連合空港反対同盟（代表熱田一）編、同書、一〇九頁）。
(72) 三里塚芝山連合空港反対同盟（代表熱田一）「声明――運輸大臣来成に対して」一九九〇年一月三〇日（三里塚からの農民宣言編集委員会・三里塚芝山連合空港反対同盟（代表熱田一）編、同書、一四一～一四二頁）。
(73) 島寛征・石毛博道を相手とした聞き取り調査（二〇一二年一〇月二七日、於空と大地の歴史館）。筆者は成田空港問題シンポジウムの構想における島・加藤対談の位置づけを質問した。石毛博道は「次に何か仕掛けることがあるとすれば、基本は島・加藤対談だなというのが青行隊はみんなわかってた。それから、最後の手段はテーブルしかない、というのもだいたい共通認識だった」と答えた。島寛征は「新左翼は、歴史的に見て階級闘争はテーブルで解決できた歴史は一つもないと言った。だけどここは、運動であって戦争ではない」と答えた。

(74) 島寛征・吉田司「対談『三里塚アンドソイル』をめぐって〈保守深層〉の虚実　三里塚闘争・その時代と精神」(『図書新聞』第二五六八号、二〇〇二年二月二日)。

(75) 朝日新聞成田支局、前掲書、一六〇頁。

(76) 朝日新聞成田支局、前掲書、一四一頁。

(77) 福田克彦、前掲書、三五四〜三五五頁。

(78) 「一月三十日の運輸大臣との会談」一九九〇年一月三〇日(三里塚からの農民宣言編集委員会・三里塚芝山連合空港反対同盟(代表熱田一)編、前掲書、一二四頁)。

(79) 地域振興連絡協議会(仮称)発起人千葉大学教授村山元英・芝山町長真行寺一朗・芝山町大里石井新二・芝山町議会議員伊橋昭治・芝山町議会議員吉岡誠「趣意書」(一九九〇年二月、空と大地の歴史館所蔵)。

(80) 三里塚芝山連合空港反対同盟(熱田派)、タイトルなし(一九九一年四月九日、空と大地の歴史館所蔵)。

(81) 隅谷三喜男、前掲書、九八頁。

(82) 朝日新聞成田支局、前掲書、一四六頁。

(83) 成田空港問題シンポジウム記録集編集委員会b『成田空港問題シンポジウム記録集』(一九九五年)

(84) 成田空港問題円卓会議記録集編集委員会『成田空港問題円卓会議記録集』(一九九六年)

(85) 隅谷三喜男、前掲書。

(86) 朝日新聞成田支局、前掲書、一三六頁。C滑走路上には熱田派の農家しかなかったため、説得により移転させることができる可能性があることと、B滑走路が完成した場合、芝山町の六割が騒音地区に入ることとから、C滑走路を代償にB滑走路の建設を阻止しようと考えた。

(87) 島寛征・石毛博道を相手とした聞き取り調査(二〇一二年一一月八日、於空と大地の歴史館)。隅谷調査団では、隅谷三喜男(東京大学名誉教授)、高橋寿夫(日本空港ビルデング社長、運輸省政策審議会)、山本雄二郎(高千穂商科大学教授、航空政策研究会理事・事務局長)が運輸省の推薦。宇沢弘文(新潟大学教授)、河宮信郎(中京大学教授、エントロピー学会世話人)が熱田派の推薦であった。なお肩書きはシンポジウム当時のもの。
(88) 隅谷三喜男、前掲書、三七二～三七三頁。
(89) 園部逸夫『現代行政と行政訴訟』(弘文堂、一九八七年) 一八～一九頁。
(90) 隅谷三喜男、前掲書、二二二～二二四頁。円卓会議にはシンポジウムの参加者に加え、空港周辺自治体と住民団体も参加した。
(91) 成田空港問題円卓会議記録集編集委員会、前掲書、三一四～三一八頁。
(92) 福田克彦、前掲書、三五四頁。構想名の由来は、青年行動隊の柳川秀夫の「これからは地球的規模で考えなくては」という一言で学習会がスタートしたからであった。
(93) 「柳川構想に対する私的提案 (二五年間の落としまえをつけ、生き残るための戦略)」(年代不明。内容から一九九〇年、一九九一年のものと推測できる。空と大地の歴史館所蔵)。
(94) 三里塚芝山連合空港反対同盟「仮死の土地に地発しを」(成田空港問題シンポジウム記録集編集委員会b、前掲書、四二九～四三二頁)。
(95) 三里塚芝山連合空港反対同盟「児孫のために自由を律す――農的価値の回復を」(成田空港問題円卓会議記録集編集委員会、前掲書、二七五～二七八頁)。
(96) 朝日新聞成田支局編、前掲書、二六一～二六二頁。
(97) 朝日新聞成田支局編、前掲書、二二五頁。
(98) 「地球的課題の実験村」構想具体化検討委員会「若い世代へ――農の世界から地球の未来を考える」(一九九八年五月一日、千葉市中央図書館所蔵、二七～二八頁)。「農的価値」とは「いたずらに物質的欲求を追い求めず、自らの生命がよって立つ基盤を見据えて人間本来の姿を取り戻すような生き方、未来世代の生きる場のことを考え、自然界と人間とのかかわりの中で物質循環を基礎として自らを律する生き方」とされた。
(99) 地球的課題の実験村編『生命めぐる大地』(七つ森書館、二〇〇〇年) 二九頁。

おわりに

以上、本稿は「住民」という主体像、「地域住民闘争の社会的空間」、住民運動が提起した「公共性」批判の射程といった問題意識に対し、三里塚闘争という一つの住民運動を長いスパンで扱い、史料に基づく実証的手法で検討した。

本稿第一章は、反対同盟が共産党の支援を断ち、新左翼運動と共闘関係を結ぶ過程で、戦術も非合法な実力闘争に移ってゆく経緯を記述した。反対同盟は実力闘争を工事阻止・出撃戦から自分の土地を守る闘いへと展開し、とくに青年行動隊は、みずからの「土」にバリケード・地下壕をつくるなかで、「百姓」としての主体像を自覚的に意識し始めていた。

第二章では、一九七一年の激しい代執行阻止闘争のあと、青年行動隊の大量逮捕と燃料輸送用パイプライン建設の遅延で運動が停滞した時期を扱った。この停滞期には運動を現象面・実態面で持続させる戦略と、主体である住民の生活を支える戦略が必要とされ、支援者と住民が協力しながら抵抗をつづけた時期でもあった。現象面の支援では、社会運動の孤立、個別化を防ごうとする知識人たちのはたらきかけにより、三里塚闘争を中心として社会運動の全国的な統一を築こうとする動きが新たに見られた。この運動は、党派的な組織化を拒否したが、実力闘争による抵抗のみを掲げた点で新左翼運動と同一的な側面もあったこと、社会体制変革の意識が強く、個別問題を解決する手段をもたなかったことにおいて限界があった。一方で住民の生活維持を支える運動では、「土を守る」から「土をつくる」へと視野を転換させた青年行動隊と手を結び、三里塚の有機野菜を購入する支援団体が現われた。産消提携によるこの運動は、生産者と消費者が産業社会に対する疑問・批判を交換する場ともなっており、ここに住民の環境問題に対する視座の萌芽があった。しかし、三里塚闘争の支援者は消費者の少数にとどまり、野菜の品質低下に伴って消費者は減少していった。

第三章は一九七八年の新東京国際空港の開港から一九九一年より始まる成田空港問題シンポジウム・円卓会議とその結実までを扱った。開港後、反対同盟は政府の提示した地元対策（農業振興策）をめぐり、実力闘争・話し合い拒否を掲げる空港敷地内農家、農業振興策に手を伸ばす敷地外農家、自主的な生産基盤の強化を主張する青年行動隊と組織内の混乱が生じ、それに実力闘争路線をとる支援党派の中核派が干渉したことで組織が分裂する。その後、新左翼党派が武装路線を強めていく一方で、その限界性を感じとった青年行動隊は、既存の制度（裁判）に頼らない独創的な手段で三里塚闘争の解決をめざしてゆく。学識経験者を仲裁役に置いた成田空港問題シンポジウムでは、空港建設が民主主義的手続きにおいて妥当であったか否かをめぐって討論され、反対同盟熱田派は、国の謝罪・土地収用裁決の取り下げ・BC滑走路計画の白紙化を獲得した。

三里塚闘争の過程から、「住民」とは地域のあり方・運動方針においても自己決定権を強く求める主体であり、彼らがめざすものとは社会体制変革（資本主義の打倒）ではなく、財産権・生存権を中心とする基本的人権の保護と政策決定における民主主義の獲得であったといえる。また運動と支援者との接点については、革新政党から新左翼運動、そして知識人の主導による市民運動との連携を経て、住民の手に主導権が移っていった。運動が始まったころ、共産党と新左翼は軍事基地の影響下にある航空行政批判や軍事空港化の反対など平和理念に基づいた主張で運動を支援したが、その後共産党は離脱し、新左翼は三里塚を「革命の拠点」として位置づけ、武装路線に走る。七〇年代、市民運動の組織原理で全国横断的な拡がりを見せた知識人主導の運動では、「自由と平等」という理念が結集軸に据えられ、動員数で大きな成果を挙げたものの、空港の開港を阻止できず衰退していった。三里塚闘争が有した「地域住民闘争の社会的空間」によってもたらされた運動理念の普遍化作用は以上のようになるだろう。その後、住民の手によって運動は、空港建設過程と事業認定失効の是非を問いながら「民主主義と基本的人権の侵害」を訴えシンポジウムに臨んだ。

なお、反対同盟から支援を拒否された共産党と中核派は、実力闘争の可否をめぐり戦略に大きな違いがあったが、原則堅持（政府との話し合い拒否）の強要、組織的な統一を求めた点で共通性があり、「個人」または「部落」が運動参加の決定権を有し、脱組織的な傾向をもった住民組織とは相容れなかった。とくに反対同盟と新左翼運動は長い共闘関係を築いたが、抵抗をつづけながら生活を維持することに困難を抱えた生活者としての住民に対し、武装闘争路線を掲げ社会体制変革をめざす新左翼党派は住民を救う術をもたなかった。また、新左翼運動の「党派の短期的利益を守るためには、運動の発展を犠牲にしても良いという党派的発想」(1)が住民の創意工夫による運動展開を妨げた点も社会運動の組織論上の課題として反省的に語り継がれるべきである。同時に運動における指導‐被指導の関係は根底から見直されるべきであり、具体的な運動目標を軸に集まった主体がみずから運動を組み立てることの重要性を三里塚闘争の歴史は提示している。住民が空港建設反対という具体的な目的を掲げることは、争点が権力機構の打倒や社会体制の変革ではなく個別的利害問題への対処となるが、権力の強制力からみずからの生活を守る権利の主張や住民参加による民主主義の充実化といった積み重ねをとおして社会変革はめざされるべきだったといえよう。そして、新左翼と住民の両者の対立からもわかるように、三里塚闘争の本質はその初期から生活環境を守る闘いであった。しかし、「住民」とは運動を担ううえで地域環境・経済状況・家庭といったすべてを含む「生活」を賭けた、直接的な利害当事者だったからこそ、挫折を繰り返しながらも問題の収束へと向かう力強い運動主体になりえたと筆者は考える。

右に加えて本稿が注目した点は、有機野菜の売買をとおした支援者との共同経験のなかで育まれた「住民」の主体像・運動理念である。消費者団体の組織化など支援者の援護を受けながら実践された有機農業の経験は、特定の地域利害を焦点とする住民運動の枠を超えて、地球環境の保護を訴える視座を住民に与える契機となった。シンポジウム・円卓会議にて、空港に替わる地域再建計画として反対同盟熱田派が提出した地球的課題の実験村構想とは、「土」に抵抗の基盤を見出した点から出発した住民の主体性と、その自発的成長を支える者たちが共に編みあげた三里塚闘争の思想面の結実であった。(2) 三里塚闘争は成田空港問題シンポジウム・円卓会議の終結による「民主主義の深化と前進」という一面だけでなく、支援者との接触・刺激のうえに立った住民の経験と意識の変遷、その結晶としての実験村構想を含めてその歴史が描かれるべきであろう。

しかし、本稿が述べてきたように、民主的な手続きの是正と政府の土地収用強制力撤回によって三里塚闘争は実態としては終了し、運動の過程で培われてきた思想面は戦術となりえず欠け落ちる結末をたどった。それは、民主主義と基本的人権の擁護が普遍的価値として認められた一方で、自然環境を守ること、すなわち「みずからの自由を律する」価値が国民的課題として共有されなかった結末でもあった。

最後に、「公共性」議論の展望について述べたい。開発に対し地域の生活の権利を主張する構図で住民運動が主張した「公共性」は、三里塚闘争の場合、「公共の福祉」を優先する司法の判決の前に屈することとなった。その後、シンポジウムという独創的な手段を用いて、司法では裁くことのできなかった空港建設過程を検証することはできたが、滑走路建設を拒む構想としての実験村は実態として機能していない。運輸省内に発足というかたちで政府に包絡された実験村構想具体化検討委員会の頓挫を見るように、真のコンセンサスを得るためには、地域対案の発信力や開発計画と地域案を対決させる場が必要とされていたのではないだろうか。「公共性」をより豊かにしていくためには、理論化された「公共性」議論よりも、実態に即して、少数派の訴えの表出を圧迫する障害や要因に目を向けることが求められていると筆者は考える。

（1） 塩川喜信「「新左翼」の創成、そして今――一「老活動家」の回想と反省」（渡辺一衛・塩川喜信・大藪龍介編『新左翼運動40年の光と影』新泉社、一九九九年）四〇頁。
（2） 地球的課題の実験村構想・具体化に至るまで、支援者の関わりを示す文献・史料は、上坂喜美遺稿追想集編集委員会編『三里塚を再び緑の大地に――空港反対闘争に賭けた上坂喜美の後半生』（アットワークス、二〇〇九年）。福田克彦『三里塚アンドソイル』（平原社、二〇〇一年）。「くらしをつくる会」発行「ほんもののくらし」(第五七号、一九九七年一〇月三一日から第五九号、一九九八年一〇月一日、立教大学共生社会研究センター所蔵)。なお、福田克彦と「くらしをつくる会」の山口幸夫は地球的課題の実験村構想具体化検討委員会の委員も務めた。

あとがき

本稿の大部分は、成田空港空と大地の歴史館において筆者が二〇一二年六月から八月にかけて行なった史料調査に基づいて構成されている。また、史料調査を終えてからは、三里塚芝山連合空港反対同盟青年行動隊として運動を担った石毛博道さんと島寛征さんから直接お話をうかがう場にも参加させていただいた。長期にわたる史料調査の機会と有意義な時間を提供してくださった波多野ゆき枝さん、空と大地の歴史館のスタッフの方々に深く感謝している。

空と大地の歴史館の史料調査では、スタッフである成田空港公団ＯＢの方々から当時のお話をうかがったことも鮮明に記憶に残っている。運輸省からの指示と反対運動の間に立たされた空港公団職員の経験には、住民と対峙した実力闘争（痛烈な匂いを発した糞尿弾）、空港周辺自治体・住民団体との折衝などさまざまあり、それは空港の安全な運営にたどりつくまでの長く辛い道のりでもあったと思う。

前記のように、三里塚闘争の当事者と関わり、情報提供を受けながら本稿は執筆されたのだが、運動を直接経験した人はこの論文の内容に違和感を覚えることもあるかもしれない。そのため、「あとがき」では歴史学の研究手法について少々述べておきたい。

歴史学の論文を作成するときには、必ず史料に基づいた実証的な研究態度が求められる。これは、嘘偽りのないことを歴史として後世に残す責任＝歴史学の研究倫理があるからである。よって、三里塚闘争を直接経験していない筆者が記す三里塚闘争の内容は、入手した一次史料の語る情報範囲内に限られる。加えて過去の研究蓄積のうえで、問題意識の設定・論文の主張・オリジナリティーを考慮して論文を作成すると、残念ながらこぼれ落ちてしまう当事者の経験が出てきてしまう。当事者の経験・記憶と史料実証論文のズレはどうしても生じてしまうと考えるが、小心者の筆者はこの「三里塚闘争史」が当事者の批判に耐えうるかを非常に心配している。

過去のビラや機関紙一枚一枚から情報を収集し、運動の軌跡を書き記すことは、とても責任が重かったし、過酷な執筆作業であったが、当時に書き残された一次史料は、緊迫したリアルを映し出して私に刺激を与えてくれた（青年行動隊の「農地死守〈土〉を武器として権力と対決する！」や「怒り」など）。

もともと、学部のときに大学の先生から「空港反対運動が有機野菜をつくっている」という話を聞いて三里塚闘争に関心をもった私は、自分と年齢が近い青年行動隊の歩んだ軌跡を探ることが最大のモチベーションとなっていたのかもしれない。地域の「つながり」が稀薄化した現代において、「村を守る」と立ち上がる感覚を、いまの青年層がどれだけ共感してくれるかわからないが、青年行動隊を中心に置いた三里塚闘争の歴史を描けたことで、ある程度満足はしている。

個人的な感想だが、史料調査のとき、「青行小屋」と書かれた段ボールに詰められた史料群が土をかぶっていたことがいちばん印象的であった。史料整理を終えて手を洗いながら、「この土を守ろうとしていたのか」と私は思いを馳せた。

二〇一六年三月〇日

加藤泰輔

三里塚《さんりづか》燃《も》ゆ

——北総台地の農民魂

二〇一七年五月三〇日　第一版第一刷発行

著　者　伊藤　睦・加藤泰輔
　　　　島　寛征・石毛博道

発行人　渡辺　勉

発行所　株式会社 平原社
　　　　東京都千代田区神田司町二‐一五（〒一〇一‐〇〇四八）
　　　　電　話　〇三‐三二一九‐五八六一
　　　　ＦＡＸ　〇三‐三二一九‐五八六五

装　幀　柴田　慎

組　版　Ｆ編集室

印刷所　中央印刷株式会社

Printed in Japan　ISBN 978-4-938391-60-7